U0666113

新时代
劳动教育理论与实践

莫东霞◎著

辽宁人民出版社

© 莫东霞　2024

图书在版编目（CIP）数据

新时代劳动教育理论与实践 / 莫东霞著 . — 沈阳：
辽宁人民出版社，2024.9
　ISBN 978-7-205-11133-5

　Ⅰ . ①新… Ⅱ . ①莫… Ⅲ . ①劳动教育—教育研究
Ⅳ . ① G40-015

中国国家版本馆 CIP 数据核字（2024）第 085142 号

出版发行：辽宁人民出版社
　　　　　地址：沈阳市和平区十一纬路 25 号　邮编：110003
　　　　　电话：024-23284321（邮　购）　024-23284324（发行部）
　　　　　传真：024-23284191（发行部）　024-23284304（办公室）
　　　　　http : //www.lnpph.com.cn
印　　　刷：沈阳海世达印务有限公司
幅面尺寸：170mm × 240mm
印　　张：12
字　　数：170 千字
出版时间：2024 年 9 月第 1 版
印刷时间：2024 年 9 月第 1 次印刷
责任编辑：张天恒　王晓筱
装帧设计：识途文化
责任校对：吴艳杰
书　　号：ISBN 978-7-205-11133-5

定　　价：68.00 元

前　言

2015年7月，教育部、共青团中央、全国少工委联合印发《关于加强中小学劳动教育的意见》，明确提出"劳动教育是全面贯彻党的教育方针的基本要求，是实施素质教育的重要内容，是培育和践行社会主义核心价值观的有效途径"。2020年3月，中共中央、国务院印发的《关于全面加强新时代大中小学劳动教育的意见》和2020年7月教育部印发的《大中小学劳动教育指导纲要（试行）》，为新时代大中小学开展劳动教育指明了方向，劳动教育也因此备受关注，成为当前教育改革中的一个热点话题。2022年，教育部将劳动教育从义务教育综合实践活动课程中独立出来，作为一门独立的国家课程，并研制、印发了《义务教育劳动课程标准（2022年版）》，正式确立了义务教育阶段劳动教育国家课程的地位。

为有效推进劳动教育政策落地，目前已有不少劳动教育的相关论著出版。其中，既有理论层面的专著，也有操作层面的手册。然而，对于一线教师和教学研究者而言，既要了解劳动教育从哪里来、是什么，又要把握其操作逻辑，明了劳动教育的基本思路、方法与策略。因此，劳动教育理论与实践贯通的研究探索仍然有必要。

"教育与生产劳动相结合"是现代社会发展的客观规律，其超越社会政治经济制度，既存在于资本主义社会，也存在于社会主义社会。但其主要实践载体——劳动教育，却是在特定的社会历史环境下进行的。步入新时代，劳动教育成为德智体美劳全面培养体系的重要组成部分，扮演新角色，担负新使命，也必然遇到新问题。当前，处于起步阶段的新时代劳动教育面临诸多挑战，其轰轰烈烈开展的背后是各种形式化、空心化、碎片化的现象，形成高投入与低实效之间的巨大反差。因此，对其进行积极的理论和现实回应，是促进新时代学校劳动教育发展的重要课题。

鉴于此，本书围绕劳动教育从哪里来、是什么、有哪些使命、如何设计、怎样实施、资源如何开发利用等问题展开，同时提供劳动教育案例，配以适当点评，以帮助劳动教育工作者正确认识新时代劳动教育课程的意义，厘清劳动教育课程的内涵与重点，提高策划实施能力，为他们提供可模仿、评估和借鉴的对象，同时也希望丰富劳动教育的理论内涵。

本书在编写过程中，参考和借鉴了劳动教育研究方面的文献资料、网络资源和相关研究成果，在此表示真诚的感谢！由于编者水平有限，加之编写时间仓促，书中难免有不足乃至错漏之处，敬请广大同行和学生批评指正，并对本书提出宝贵意见。

莫东霞

2024 年 9 月

目 录

第一章　新时代劳动教育概述

劳动，是人类存在与发展的基本方式，是社会个体实现自身价值的基本途径，劳动教育伴随着人类社会的存在而存在，其产生与发展有着漫长的历史，劳动教育的演进、实质、使命与基础是涉及劳动教育是什么、为什么、依据什么的本体论和价值论问题。

第一节　劳动教育的历史与本质特征

欲认识事物的本质，必先理解事物的存在。理解劳动教育的历史，是把握劳动教育的本质与特征的认知前提。只有真正把握劳动教育的本质特征，才能在教育实践中牢记劳动教育的使命，有效实施劳动教育活动。

一、我国劳动教育的历史

先进的生产力最终决定社会历史发展。生产力水平由劳动者、劳动资料与劳动对象决定。基于社会发展基本脉络来梳理劳动教育的历史，可以发现，从古代劳动教育独立地位的缺失到近代独立而多样的劳动教育的起步，再到新中国成立后劳动教育的丰富与深化发展，劳动教育经历了很长一段时间才为学校系统所接受，并随着社会政治、经济、文化的发展而不断变化。

（一）古代劳动教育：融合、分离与忽视

教育起源于人类社会的物质生产劳动。人类社会发展历经不同的经济时代，"各种经济时代的区别，不在于生产什么，而在于怎样生产，用什么劳动资料生产"[①]，这说明生产力发展水平决定经济社会发展程度，而生产力发展取决于劳动工具与劳动资源，人类劳动形态发生变化、劳动教育的存在方式也打下时代的烙印。

1.融合

人类为了生存，必须利用自然，借助各种可能的自然物开展劳动。"劳动首先是人与自然之间的过程，是人以自身的活动来引起、调整和控制人和自然之间的物质交换的过程。"手工劳动是人类最初的劳动形态，成为同动物区别的显著标志。手工劳动是利用人的身体力量，直接利用自然物或改造自然物作为工具开展劳动，手工劳动所依托的劳动工具可理解为劳动者身体的外在延伸。人类社会初期的劳动水平低下，劳动工具依赖自然环境并受自然环境的束缚。人在尊重、顺应、依赖自然的过程中从事手工劳动。因此，手工劳动对应的劳动教育明显体现出与自然融合的基本特征。人通过身体力量利用自然物，采用打制、磨制、纺织、热熔等方式，制造并运用劳动工具，通过模仿、经验分享、经历述说等途径，将劳动的方式、方法传递给他人，在劳动中教育，在教育中劳动。因此，手工劳动时代没有出现专门的劳动教育，或者说手工劳动过程就是劳动教育过程。

我国先民同样聚族而居，精耕细作。在原始社会，教育与生产劳动、社会生活紧密相连，先民们转化自然资源，寻求生存所需的物质基础，

---

①②马克思恩格斯文集：第5卷[M].北京：人民出版社，2009：210，201-202.

再以部落或家庭为单位，传承在劳动过程中所积累的生产经验和劳动技能。所以，早期的劳动教育也是与生产劳动融为一体的，尚未成为独立的社会活动。

2. 分离

随着生产力水平的提高，体力劳动与脑力劳动的分工出现，阶级和奴隶制度产生，相应地，直接劳动者与管理直接劳动者的间接劳动者出现，以及专门的教育场所——学校诞生了。之后，学校教育从生产劳动中分离出来，成为独立的社会活动，进而发展成为统治阶级的特权。

我国西周时期的学校教育以礼、乐、射、御、书、数为基本教育内容，同物质劳动及技能教育分隔开来，学校教育内容脱离生产劳动。春秋战国时期百家争鸣，道家主张"大巧若拙""朴散为器"，认为"有机械者必有机事，有机事者必有机心"（《庄子·天地》），将手工业者的匠心与逐利者的心机联系在一起。实质存在的劳动教育转向家庭生活或家庭式作坊，由家庭长者向子女传授劳动经验和劳动技能。一些社会礼教或宗教活动，也在一定程度上对劳动的社会风尚产生潜移默化的影响。

3. 忽视

随着社会阶层的不断分化，劳动阶级与统治阶级形成对立，劳动被忽视、轻视，甚至歧视。这些现象明显地体现在当时一些著述和言论中。孟子主张"劳心者治人，劳力者治于人"（《孟子·滕文公上》），将劳心者与劳力者分开，将生产劳动排斥在教育活动之外。墨家也认为不从事生产劳动的上说下教者"虽不耕织乎，而功贤于耕织也"（《墨子·鲁问》）。这些看法在教育上也有表现，官学和私学均较为忽视劳动教育，学校教育与生产劳动割裂。西汉董仲舒"罢黜百家，独崇儒术"，儒家思想长期主导学校教育，"学而优则仕"深入人心，做劳心者而非劳力者成为民众的追求。隋唐以降，科举盛行，读书人毕生渴望"朝为田舍郎，暮登天子堂"，科举考试内容以儒家经典为主，学校教育内容与生产劳动也没有直接关联。但不可忽视的是，劳动教育仍然存在于家庭和行业活动之中，尤其值得深思的是，明末清初教育家颜元要求学生"当立志学礼、乐、射、御、书、数，以及兵、农、钱、谷、水、火、工、虞"，打破了传统教育对劳动的偏见，但未被时人接受。

总体上看，中国自古以来就是农业大国，在原始社会、奴隶社会和封建社会中，自然经济的生产方式以及封建社会中产生的专制主义中央集权的政治制度等，都深刻地影响着我国古代社会的劳动教育观，也制约着劳动教育的实践取向及存在方式。传统的学校教育追求君子"谋道不谋食"的目标，因此，劳动教育长期为知识阶层所忽视。

（二）近代劳动教育：正视、力行

手工劳动使人有目的地利用和改造自然，让自然为人的生存和生活服务，开启了人的创造。同时，通过劳动，人的语言、生理结构、人体机能、推理能力等也得到相应的发展，人类文明开始进步。从石器劳动时代的简单磨制到金属工具劳动时代的热熔器具，到简单的机械制作，再到两次工业革命，人类逐步从农耕文明迈向工业文明。劳动工具也从手工制作变为机器制作，单一的手工劳动逐步让位于机器劳动。工业文明为西方国家带来了前所未有的社会进步，社会生产力水平大为提高，劳动形态及相应的劳动教育也发生了巨大变化。我国劳动教育在西方文明的冲击下逐渐发生巨大变化。

1.正视

尽管我国有着悠久的农业文明，农业生产积累了十分宝贵而丰富的经验，但由于封建社会制度的约束，工业革命对我国的影响甚微。加之长期以来的闭关自守，机器劳动在我国仍然处于较低水平。鸦片战争的炮火围困，让中华民族备受磨难与耻辱，迫使中国封建社会走向解体，刺激并启动了中国社会的近代化。在教育领域，"西学东渐"势不可挡，千百年来"四书五经"所垄断的教学内容，受到西方先进科技的强烈冲击。洋务派主张"西学为用"，李鸿章、左宗棠、张之洞等人创办新式学堂。西方数学、化学、天文、地理、生物等学科知识被编译成书，供学堂教学使用。资产阶级改良派笃信"农、商、矿、林、机器、工程、驾驶，凡人间一事一意者，皆有学"，康有为、梁启超多次提出废科举、兴实业，农、工、商各领域的生产知识与劳动技能逐渐被正视。这些努力影响到学校教育，为劳动教育的起步奠定了一定的基础。1904年清政府颁布《奏定学堂章程》，规定小学设置手工；1909年中学增设手工；1912年民国政府教育部颁布《小学校令》，要求为初小、高小女生设置缝纫课程，为高小男生增加农业课程。这些都体现出当时教育对社会巨大变化的及时应对。

2.力行

劳动教育在民国时期有了巨大突破。中华民国成立后，一系列法令陆续颁布，规定小学开设手工。尽管封建帝制被推翻，但民族危机仍未消除，知识分子希望"教育救国"，拯救民生。黄炎培将"尊重劳动"（学生除半日工作外，凡校内一切洒扫、清洁、招待等事，均由全体学生轮值担负）列为学生入学誓约的首要条目。陶行知主张"行是知之始，知是行之成"，系统阐述了劳动是实现教育目标的必要手段。他鼓励学生到民间去，并在课程安排中组织农事及机械制造等活动。梁漱溟在山东主持乡村建设运动，鼓励学生积极参与劳动。他不仅在课程中专门设计农业、手工业等环节，还在学校日常生活方面，主张"一切零碎事都要学生自己做"，要"学着勤劳一点，俭朴一点"。晏阳初倡导平民教育，主张劳动教育，具有世界性的影响力。值得注意的是，欧美这一时期的一些教育家反对旧式学校教育，倡导新教育和进步主义教育，重视手工、园艺、家事等劳动教育内容，但劳动教育在公立学校的合法地位仍然没有建立。

总体上看，近代以来，无论是"中学为体，西学为用""实业救国""教育救国"等鲜明主张，还是五四运动、平民教育运动、乡村教育运动等社会运动，都逐渐改变了受压迫的劳动者的地位，使劳动教育逐渐得到重视。1922年11月，新学制——壬戌学制正式出台，小学高年级增加职业准备教育课程，包括自然、园艺、工用艺术；初中在实行普通教育的基础上，兼设各种职业科。至此，劳动教育在思想与实践上有了一定突破，在近代学校教育中占有一席之地。

（三）现代劳动教育：制度化、教育与生产劳动相结合、替代与对立

现代社会迅猛发展，科学技术成为生产力发展的巨大推进器。培养掌握科学文化知识的现代生产者和管理者成为学校教育的重要使命。教育日益普及，劳动教育的形态也日益多样。

1.制度化

在新民主主义社会向社会主义社会过渡时期，我国效仿苏联，发布一系列规程，促进劳动教育规范化和制度化，初步建立起生产劳动技术教育体系。但此时劳动教育基本停留在宏观层面，与现实条件不匹配，相关政策的执行也并未达到预期效果。自新中国成立以来，受有限的物质条件以及认识误区的影响，劳动教育经历了几番艰难的探索。

新中国成立至1958年，党和国家的重要会议、工作报告都十分重视劳动教育，不断强调劳动教育的地位和意义。新中国成立初期，《中国人民政治协商会议共同纲领》"提倡爱祖国、爱人民、爱劳动、爱科学、爱护公共财物为中华人民共和国全体国民的公德"。这一时期，劳动教育是贯彻"教育为生产建设服务的方针"的重要内容。1954年，周恩来指出"中小学教育中都应当注意劳动教育，以便中小学毕业生广泛参与农业劳动"。1955年，教育部发布的《关于初中和高小毕业生从事生产劳动的宣传教育工作报告》和相关通知，都要求课堂教学贯彻劳动教育，注意对学生进行综合技术教育，有步骤地实施基本生产技术教育。同年9月，教育部印发《关于小学课外活动的规定的通知》，将基本生产教育作为劳动教育的内容。1956年7月，教育部印发通知，明确规定了基本生产技术教育周课时，1957年，毛泽东提出"我们的教育方针，应该使受教育者在德育、智育、体育几方面都得到发展，成为有社会主义觉悟的有文化的劳动者"。4个月之后，周恩来在《政府工作报告》中进一步强调劳动者在教育方针中的地位，指出"我们今后的教育方针，应该是培养有社会主义觉悟的、有文化的、身体健康的劳动者"；还鼓励学生参加生产劳动，特别是农业生产劳动，要求对部分轻视体力劳动的家长和干部进行批评。可见，无论是党和国家领导人的指示，还是教育部出台的相关政策，都将劳动教育作为"要求"，这对教育实践产生了很大影响。

2.教育与生产劳动相结合

在全面建设社会主义时期，劳动教育的地位被提升至前所未有的高度，并在实践层面得到强势推进。1958年，劳动教育从不同角度得到进一步强化，教育与生产劳动相结合成为当时教育革命的主要内容，是教育实践需要贯穿的基本原则，是教育战线上资本主义与社会主义路线斗争的表征。同年2月，全国人民代表大会第五次会议召开，将劳动教育视为"多快好省地建设社会主义"的重要途径，强调"一切学校，均把生产劳动列为正式课程"，这句话在同年9月正式列入中共中央、国务院《关于教育工作的指示》中。至此，劳动在教育中的地位得到确立。

3.替代与对立

之后，"勤工俭学""半工半读"成为全国热潮，"劳动人民知识化，知识分子劳动化"成为时髦口号，学校办工厂、工厂办学校、半农半读、半工半读成为教育的典型，劳动教育过度强化，冲淡了日常教学，出现系统知识学习与生产劳动的对立，即脑体劳动的对立，知识分子上山下乡、接受再教育。在相当长的时期里，劳动教育在过度强化的过程中被严重异化，劳动形态对立，正常教育受到极大干扰，劳动教育自身运行规律被严重破坏。劳动替代教育、劳动与教育对立的境况延续时间较长，直到十一届三中全会才得到纠正。

（四）改革开放至20世纪末的劳动教育：劳经结合到劳政结合

1.劳经结合

改革开放以后，党中央对劳动教育定位进行慎重调整，从纠偏政治化倾向，转向劳动与经济相适应。[①]1978年4月，邓小平在全国教育工作会议上特别指出"必须认真研究在新的条件下，如何更好地贯彻教育与生产劳动相结合的方针"，引发党和国家从方针层面对劳动教育进行再定位与讨论。3年后，《关于建国以来党的若干历史问题的决议》明确提出要"坚持德智体全面发展……脑力劳动与体力劳动相结合的方针"，凸显了劳动教育与其他教育从对立到结合、全面发展的总体导向。劳动教育在我国中小学逐步稳定有序发展。1982年10月，教育部《关于普通中学开设劳动技术教育课的试行意见》正式提出了劳动教育考核标准与要求。之后，教育部相继下文，对高等学校、中等专业学校的劳动教育作出相应规定。

20世纪80年代，值得注意的是德智体美与劳动教育的关系。1986年3月，《关于第七个五年计划的报告》指出，各级各类学校要"根据各自的特点适当强调劳动教育"；同年10月，当时的国家教委副主任更明确提出"把德育作为德智体美劳五育全面发展的一个有机组成部分，使五育互相配合、互相渗透、互相促进"。不难发现，"五育全面发展"成为后来"五育并举"的基础。在"五育全面发展"的概念框架下，我国中小学劳动技术课教学大纲均十分注意劳动教育的适当加强，并注重校内外劳动基地的建设。

2.教劳结合

20世纪90年代，思想教育受到重视，劳动成为思想教育的重要土壤。《中华人民共和国未成年人保护法》也规定，对未成年学生进行德智体美劳以及社会生活指导和青春期教育。值得注意的是，国家教委颁发了《九年义务教育全日制初级中学、小学劳动技术课教学大纲》，使

---

①李珂,曲霞.1949年以来劳动教育在党的教育方针中的历史演变与省思[J].教育学报,2018,14(05):63-72.

中小学劳动课教学有了明确的依据。之后，国家领导人及教育行政部门不断强调教育与生产劳动相结合，把劳动教育列入教学计划，等等。与此同时，劳技教育专业委员会成立，劳技课教材通过审定，劳技教育纳入督导评估指标体系，劳技教育现场研讨及经验交流会、先进表彰会相继开展，对我国劳技教育的推进起到十分重要的作用。

需要注意的是，20世纪90年代以后的"教劳结合"的思想与20世纪80年代之前有根本的区别，这种转变体现在从为阶级斗争服务转变成为社会主义现代化建设服务，由此拓宽了劳动教育的内涵，"劳动者"变成了"建设者"，这实际上承认了以脑力劳动为主要方式的知识分子对于社会经济建设的贡献以及他们分配劳动成果的合法性。

（五）新世纪的劳动教育：五育并举，相对独立

进入新世纪，我国开启全面建设小康社会、加快推进社会主义现代化建设的新篇章，劳动教育也进一步通过新的方式和路径得到强化。

1.五育并举

2001年5月，国务院发布《关于基础教育改革与发展的决定》，强调教育必须与生产劳动和社会实践相结合。同年6月，教育部印发《基础教育课程改革纲要（试行）》，将信息技术教育、劳动与技术教育作为综合实践活动的重要内容，同研究性学习、社区服务、社会实践一道构成综合实践活动课程的内容结构。不过，在应试教育体制下，综合实践活动课程的实施遭遇巨大挑战，开齐、开足、开好综合实践活动课程，依然成为新课程改革没能很好解决的主要问题之一，作为综合实践活动课程内容主要构成部分的劳动技术教育，自然没有很好地实现预期目标。之后，中共中央、国务院印发《国家中长期教育改革和发展规划纲要（2010—2020年）》，提出"加强劳动教育，培养学生热爱劳动、热爱劳动人民的情感"。江泽民、胡锦涛在不同的场合对劳动的地位、意义和价值作出了明确要求，强调"尊重劳动""体面劳动"。习近平总书记更是提出"全社会都要热爱劳动，以辛勤劳动为荣，以好逸恶劳为耻"，强调"实践育人，坚持教育同生产劳动和社会实践相结合"，奠定了劳动教育在新时代的特殊地位，赋予了劳动教育新的使命与担当。在国务院相继印发的《国家教育事业发展"十三五"规划》《关于深化产教融合的若干意见》中，践行知行合一，注重实践教学，开展生产体验，以及将工匠精神培育融入基础教育，成为教育改革的重要指针。

2.相对独立

2018年9月，全国教育大会胜利召开，习近平总书记强调要"培养德智体美劳全面发展的社会主义建设者和接班人"，将"教育与生产劳动相结合""教育与社会实践相结合"进一步提升到整体培养目标的高度，使劳动教育在党中央和国家层面再次受到高度重视。党的十九大报告指出，我国社会主要矛盾已经转变，中国特色社会主义进入新时代。习近平新时代中国特色社会主义思想应运而生，中国特色社会主义教育思想也随之发生重大调整，其强调"实干兴邦"的劳动实践观、"民族复兴"的劳动发展观、"崇尚劳动"的劳动价值观、"热爱劳动"的劳动教育观，内涵十分丰富，回应了新时代教育改革与发展对劳动思想的重大关切，成为推动新时代我国教育事业改革与发展的思想指针和行动指南。党和国家对教育发展战略方向的调整，集中体现在2019年7月中共中央、国务院印发纲领性文件《关于深化教育教学改革全面提高义务教育质量的意见》，聚焦深化改革、提高质量，重要举措之一就是并举"五育"，突显劳动教育的地位和独特价值，即"突出德育实效、提升智育水平、强化体育锻炼、增强美育熏陶、加强劳动教育"，从教育体系构建的角度，确证劳动教育在德智体美劳全面发展整体结构中的重要地位。2020年3月20日，中共中央、国务院印发的《关于全面加强新时代大中小学劳动教育的意见》更是将劳动教育纳入人才培养全过程，贯通大中小学各学段，对我国新时代劳动教育的目标、内容、方式与评价进行了立交桥式整体设计，指明了新的航向，开启了我国劳动教育新的篇章。

总之，我国劳动教育属于人类社会劳动教育的有机组成部分。原始社会劳动教育与自然融合，奴隶社会和封建社会劳动教育剥离于学校教育，直至近代，劳动教育才进入教育思想和实践活动领域，成为人才培养的重要内容。新中国成立后，劳动教育备受重视，却并非一帆风顺，其间经验与教训并存。以史为镜，吸取教训，总结经验，尊重规律，可以让劳动教育避免政治、经济、文化等因素的错位干扰，使劳动教育在新时代真正焕发其促进人全面发展的独特魅力。

二、劳动教育的内涵与特征

劳动教育随着社会的发展而发展，是人运用自己的智慧和身体主动改变外部世界的对象性活动。人类在长期的劳动实践过程中，逐渐丰富了对劳动的理解，积累了对劳动教育的经验与认知，对劳动教育本质与内涵的把握也越来越深刻。

（一）劳动教育的内涵

新时代劳动的性质与类型发生了根本性改变，进一步明确劳动教育的基本内涵，把握劳动教育的基本特征，对有效实施新时代劳动教育有着重要的现实意义。

1.劳动与实践、生产、技术、智能

人们很早就熟悉劳动并一直劳动着，对劳动的认知处于不断变化和发展中。从词源学角度看，"劳"字的篆文上为"艹"，表示灯火；中为"冖"，意指房屋；下为"力"，表示用力。"劳"字在《说文解字注》中的释义为"从力，熒省。熒，火烧冖，用力者劳"，表示火烧房屋，用力救火者疲惫辛苦。动，从力，重声，指一个背重物的人站在地上。劳动兼顾劳与动之义，理解为全力以赴，通过辛勤劳动让生活充满希望。显然，古人对劳动的理解，既有救火的体力付出，也有奋力救火的态度，更有积极向上、追求幸福生活的价值取向。而现代汉语中的"劳动"一词，指人类创造物质或精神财富的活动，或专指体力劳动，或进行体力劳动。[①]相比之下，专指体力劳动之说，似乎窄化了劳动的内涵。西文labour的现代词义主要有劳动、劳工、生产等。所以，对劳动的整

①翰林辞书编写组.现代汉语大词典[M].江西：江西教育出版社，2013:613.

体理解大致可聚焦为"为了过上有希望的生活而努力工作，或通过辛勤劳作让生活充满希望"。劳动必然涉及人与自然、人与人之间的互动，因此，劳动是变革世界的对象性活动，劳动教育则是有目的、有计划地对学生进行劳动知识、能力、情感、态度和价值观等素养培育的实践学习过程。

劳动与生产难分彼此，劳动生产、生产劳动在交往活动中常常交替使用，说明二者作为人的基本活动方式联系紧密。不过，生产注重以追求活动之外的产品为目的，概念较具体，而劳动侧重活动本身，比生产的概念更为抽象。当劳动、技术二者与教育连接时，要么劳动教育包含技术教育，要么技术教育包含劳动教育，或二者"同一"为"劳动技术教育"。实践的概念较之劳动更强调与理论、思想相对应的行动或行为。实践活动对理论活动和制作活动产生重要影响。因此，实践比劳动更抽象、概括，实践包括生产实践、交往实践、科学技术实践等，内涵更加丰富。

劳动与技术相伴相随，甚至合一为劳动技术，二者均与物质生产活动密切相关。技术可以看作生产劳动的手段，劳动往往依赖技术的进步。美国社会学家柯林斯撰写的《文凭社会：教育与分层的历史社会学》，旨在努力让人们相信生产技术对财富生产的关键作用。劳动甚至与技术难以分割，没有技术也就没有劳动，即使是低水平的劳动，仍然需要技术的支撑。伴随技术的快速革新与进步，人工智能极大地改变了劳动形态，使技术、大数据、网络有机组合形成一个类人社会，类人社会中劳动的内涵、方式均不同于人类历史上任何时代的劳动，将人的智慧机器化、机器类人化，人赋予机器智能，机器与人不同程度地融合，机器代替人类从事长期以来的部分身体劳动。"身体劳作促进了人类的大脑发展与进化。当人类不再进行身体劳动的时候，大脑也会随着进化而逐渐停滞发展，甚至萎缩退化，逐渐被身体'吃掉'"。[①]所以，过度

①宋岭,张华.时代挑战与未来路向:劳动教育的当代诠释与实践[J].中国教育科学(中英文),2020,3(2):41-49.

的智能劳动代替人的身体劳作，的确容易引发人本身的危机。

显然，"劳动"在不同的语境和视界中，有不同理解，但都与生产、实践、技术等关系密切。《中国大百科全书哲学》对"劳动"予以准确定位，认为劳动是人类特有的基本的社会实践活动，也是人类通过有目的的活动改造自然对象并在这一活动中改造人自身的过程。所以，劳动在总体上可以理解为人基本的存在方式、能动的活动过程，是具有实践性、社会性、变革性的主体性实践活动。

2.劳动教育的内涵确证

人们对劳动的认知角度和视域不同，因此，对劳动教育的理解与归属出现不同的范畴。《中国大百科全书·教育》将劳动教育归结于德育的有机组成部分，认为劳动教育是"使学生树立正确的劳动观点和劳动态度，热爱劳动和劳动人民，养成劳动习惯的教育，是德育的内容之一"[1]。显然，这是从狭义的角度来界定劳动教育。这种理解代表了我国自新中国成立以来相当长一段时期对劳动教育的归属、地位和价值的基本看法。实际上，我国相当长时期的教育方针、政策里的劳动教育也是纳入德育范畴的。在一些教育学著作中也是如此。在凯洛夫的《教育学》中，劳动教育更重要的目的是彰显劳动的思想教育和道德教育意义，劳动教育以培养共产主义劳动态度为首要任务。当时我国教育学体系以苏联为蓝本，劳动教育被赋予劳动态度、思想教育的重要使命。

有学者撰文修正劳动教育的德育取向，认为劳动教育就是培养学生具有现代工农业生产的基础知识和基本技能的教育[2]。我国《教育大辞典》也将劳动教育定义为劳动、生产技术和劳动素养方面的教育，对劳动教育的德育定位有一定修正。劳动教育作为德育途径仍然有着重要的积极意义，通过劳动教育落实德育追求也很有价值。不过，围绕德育来理解劳动和劳动教育的确有一定的局限性，缩小了劳动教育的价值空

---

①中国大百科全书总编辑委员会，《教育》编辑委员会，中国大百科全书出版社编辑部. 中国大百科全书教育[M]. 北京:中国大百科全书出版社,1985:218.
②成有信. 教育学原理[M]. 北京:大象出版社,1993:390-420.

间，也在一定程度上影响了劳动教育在整个教育体系中的独立地位。

进入21世纪，劳动教育的地位、理解明显转向，目前，劳动教育已成为一个独立的学科。一些学者基于不同的语境与视角，在不同场合对劳动教育的内涵提出了不同看法。从表1-1中不难发现，学者们对劳动教育的归属的理解体现出各自不同的价值取向和基本立场。

表1-1　劳动教育的代表性定义

学者	定义	时间
黄济{黄济.关于劳动教育的认识和建议[J].江苏教育学院学报（社会科学版），2004（5）：17-22.}	包括生产技术劳动、社会工艺劳动、生活服务劳动等	2004年
徐长发、张滢{徐长发，张滢.为什么劳动教育是人生第一教育[J].中国民族教育，2020(6):30-36.}	是使青少年学生获得正确劳动观念、劳动习惯、劳动感情、劳动技能，了解和懂得生产技术知识，掌握生活和劳动技能，在劳动创造中追求幸福感的育人活动	2020年
檀传宝{檀传宝.劳动教育的概念理解：如何认识劳动教育概念的基本内涵与基本特征[J].中国教育学刊，2019（2）：82-84.}	以促进学生形成劳动价值观（即正确的劳动观点、积极的劳动态度、热爱劳动和劳动人民等）和养成劳动素养（有一定劳动知识与技能、形成良好的劳动习惯等）为目的的教育活动	2019年
徐海娇{徐海娇.危机与重构：劳动教育价值研究[M].北京:中国社会科学出版社，2020:69.}	依据一定的社会要求和学生身心发展规律，有目的、有计划、有组织地以劳动为载体，对学生劳动观念、劳动态度、劳动知识、劳动情感、劳动习惯、劳动技能、劳动体验等施加影响，在认知发展的同时，使情感、信念、态度、价值观、素养得到发展和提升，旨在促进学生终身发展和全面发展的一种教育活动	2020年
余文森、殷世东{余文森，殷世东.新时代中小学劳动教育的内涵、类型与实施策略[J].全球教育展望，2020,49（10）：92-101.}	劳动教育是一种基于劳动，传承人的"劳动基因"，通过劳动促进人的"完成"，融通德智体美，达成"五育融合"，以实现"完整的人"的教育活动	2020年

续表

宋岭、张华{宋岭，张华.时代挑战与未来路向：劳动教育的当代诠释与实践[J].中国教育科学(中英文)，2020,3(2)：41-49.}	劳动教育不是一种单方面的思想道德灌输和价值观教育，更不是体力劳动的体验或训练，而是一种融合心智的综合性学习活动	2020年

所以，劳动教育的内涵至今仍然没有一个确定的统一认识，不同学者的定义差别依然很明显。但随着时间的推移，人们不再局限于从德育范畴理解劳动教育。虽然劳动教育的确需要注重学生道德层面的发展，容易让人认为它就是德育的基本内容，但我们有必要从更高层次理解劳动教育存在的合理性。

某种程度而言，理解劳动教育不可能也没有必要固定于某个时期某种特有的理解，劳动教育的内涵随着时代的发展而不断丰富。进入21世纪，世界教育发生了巨大变化，我国新时代教育对人的全面发展也提出了新的要求和任务，因此，不能再片面地、固化地理解今天的劳动教育内涵。素养时代的教育注重社会基本品格的培育及学生基本素养的发展，为此，新时代的劳动教育应当以劳动品格养成和劳动素养培育为依归，劳动教育也不能停留在理解的层面，劳动教育说到底仍然是注重体验、操作、交往、欣赏的多元的主体性综合实践活动。

（二）新时代劳动教育的特征

劳动教育通过劳动而实施，与政治、经济、文化等领域的劳动不同，是教育场域中发生的劳动过程，是人全面发展的有机组成部分，具有自身显著的特征。

1.育人性

明确劳动教育的育人性，可以破除"有劳动无教育"的偏向，让劳动教育回归初心。苏联教育家苏霍姆林斯基说"离开劳动不可能有真正的教育"[①]，离开了教育的劳动也不能称为劳动教育。劳动是劳动教育

---

①苏霍姆林斯基. 帕夫雷什中学[M]. 赵玮,等,译. 北京:教育科学出版社,1983.

的手段，教育是劳动教育的目的。"劳动以外的教育和没有劳动的教育是不存在、也不可能存在的"①，育人性是劳动教育最根本的属性。

"为劳动而劳动"的劳动教育，容易片面放大劳动、缩小教育，甚至丢失教育的意义，将学校教育演变成成人的生产性活动，从而使学校教育付出沉重代价。瞿葆奎曾经明确表示"在我们强调劳动教育、强调教育与生产劳动相结合的时候，不可忘记我们在历史上的许多经验和深刻教训"②，劳动教育最基础的特征是育人性，劳动教育具有树德、增智、强体、育美等较为全面的育人功能，最为根本的育人功能则是培养学生的劳动价值观、劳动情感、劳动能力。劳动教育的育人功能体现在不同教育层次，初等教育、中等教育、高等教育都要开展劳动教育。劳动教育的非生产性是保证劳动教育的育人性的基础。

2.实践性

劳动教育"首要的不是关于劳动的说教，而是要让学生在劳动实践中进行锻炼和接受教育。要吸引和组织他们参加各种力所能及的劳动活动，并要在这些劳动活动中相机对他们进行教育"③。因此，劳动教育是基于劳动实践活动的教育，失去了实践也就丢失了劳动教育的基础，毕竟"儿童的才智反映在他的手指尖上"④，儿童只有在实践过程中，才有深刻感悟，进而才能真正做到知行合一。明确劳动教育的实践性，可以让劳动教育回到田野、回到现场，避免本本主义，避免将基于实践活动的劳动教育变成教室里的说教。

劳动素养是劳动者在活学活用的实践活动中慢慢养成的，没有劳动者体验、操作、应用、改造等活动，劳动就难以真实发生。具身⑤认知理论有助于解释劳动教育的具身实践性。劳动者只有真正地运用了自己

①苏霍姆林斯基.教育的艺术[M].肖勇,译.湖南:湖南教育出版社,1983:127.

②瞿葆奎.劳动教育应与体育、智育、德育、美育并列?:答黄济教授[J].华东师范大学学报(教育科学版),2005(3):1-8.

③成有信.教育学原理[M].北京:大象出版社,1993:398.

④苏霍姆林斯基.给教师的一百条建议[M].周蕖,王义高,等,译.天津:天津人民出版社,1981:89.

⑤当代心理学和认知科学领域的热门话题,其基本含义是指认知对身体的依赖性.

的身体力量，同自然、社会和客观世界发生密切关联，才有创造世界、改造世界的可能，进而处理好自己与他人、世界、自然的关系。学生只有通过具体的、直接的主体性劳动体验，才能充分调动多种身体感官，有效通过"做中学"促进体验与反思，提高劳动素养。在应试教育体制下，劳动教育的正当性受到了质疑、否定，甚至抵制，"黑板上开机器""幻灯片里学种田"，劳动教育沦为形式主义的代名词。甚至有人将劳动教育视为惩罚犯错学生的手段，学习出错就得劳动，或当作为参与经济建设做准备。当代劳动教育亟待回归劳动本身，回归劳动教育的诗性与儿童本性，重视劳动经验的认识论价值。

3.过程性

劳动过程具有不确定性或过程性、际遇性。劳动教育重在劳动过程的教化，是一种际遇性的教育，其中就包括劳动者与劳动对象的相遇过程的不确定性。认识到不确定性，才能看到劳动教育的过程性、丰富性以及同生活的关联性，进而才能相信劳动教育的可持续发展性，以及对人的发展的强大生命力。"劳动教育追求自信、自尊和自重的解放过程仍是实现教育目的的基本路径。"①劳动素养的养成，不能仅仅依靠课程表中的"劳动课"，只有在劳动过程中才有不断产生连续性经验的可能，才有不断反思劳动过程的可能，才能帮助学生形成具有美感的劳动经验、劳动技能、劳动情感。过程性是劳动教育的本质，失去了过程性，劳动教育就会变得断断续续，变得机械呆板，失去生机与活力。

劳动素养是在劳动知识、劳动能力，以及劳动态度、情感、价值交互作用的过程中逐渐生成的。过程论是理解劳动教育过程性的有效理论工具。劳动教育是过程的集合体，因此劳动教育的有效实施，需要凸显劳动教育的规划性，让若干劳动教育活动形成系列，从整体上设计劳动教育内容，从结构角度组织劳动教育内容，使劳动教育真正促进学生劳动经验的连续性增长。片段化、非连续的劳动教育，容易使学生失去兴趣，使劳动教育自身失去活力。

①肖绍明,扈中平.重释劳动教育的人性意义[J].现代教育论丛,2013(4):7-12.

4.综合性

新时代劳动教育具有独立性，这是劳动教育发展到新的历史阶段展现其新的历史地位的显著标志。承认劳动教育的独立性是"五育并举"的基本前提，没有"独立"，就不可能有"并举"。同样，不注重劳动教育的综合性，"五育融合"就失去了根基。在劳动教育实施过程中也不能绝对地将劳动教育同其他诸育分割开来，要德智体美劳"五育"共同促进人的全面发展。

从劳动教育发生的内在机理来看，劳动素养在劳动知识、技能、价值、态度、情感等要素的交互作用过程中得到培育，为此，劳动教育需要提供学生在劳动过程中使劳动知识、技能、态度发生"化学反应"的机会。单一的劳动知识授受，只会减少发生"化学反应"的可能。劳动素养是学生综合运用劳动知识的过程，是跨学科的实践活动过程。为凸显劳动教育的综合性，劳动教育需要以大观念、大概念、大主题、大任务为引领，避免将劳动教育碎片化，从更宏观的层面、更高的层次、更宽的视野规划劳动教育课程，帮助学生更好地建立劳动知识的结构，更深层次地理解劳动价值，形成持久而坚定的劳动态度。相对于体育、美育、德育、智育而言，劳动教育在一定程度上更多地集合了"四育"的部分功能，具有一定的综合性。正因为如此，人们容易注意到，通过劳动教育，可以在一定程度上实现德育、智育、体育和美育的功能，这说明劳动教育具有比"四育"更高层次的综合功能。"现代学校是体制化的教育机构，从事着边界清晰、目的明确的教育活动，这是现代性教育的缺陷，劳动教育的正途，亟待打破劳动课程的目录体系及其边界，回归劳动本身，回归儿童本身。"[①]所以，有必要打破劳动教育边界设定，让劳动教育融会于社会实践与自然生活。这或许可以成为注重劳动教育综合性的另一个理由。

---

①熊和平.《庄子》的劳动教育哲学及其当代价值[J]. 湖南师范大学教育科学学报，2021,20(01):1-12.

5.协同性

劳动教育不能孤立实施。从劳动教育的基本类型看，家务劳动、社会生产劳动、服务性劳动、校内劳动共同构成劳动教育的整体系统，缺少任一部分的劳动教育都是不完整的。学校是劳动教育实施的主体，家庭和社会劳动教育也需要从学校层面予以顶层设计和整体规划，否则，劳动教育的教育属性容易丢失，出现"为劳动而劳动"的局面。家庭、社会、劳动教育一体化，决定着劳动教育的长期性、过程性和发展性，三方协同，才能确保劳动教育带给学生的经验的连续性、实效性。

因此，建立"家庭—社会—学校—受教育者"四位一体的劳动教育协同机制是劳动育人系统性的重要保障。如果家庭教育停留于"育分"而不重视"树人"，那么劳动教育的价值属性就难以实现；如果社会教育仅仅基于"治理"逻辑，强调个体对社会公共教育规则的记忆与服从，那么家庭教育与社会教育之间的劳动教育关联度就会大大降低；如果学校教育与家庭教育关于劳动教育的职责边界模糊，那么家庭和学校就很容易产生不必要的冲突；如果社会教育与学校教育缺乏劳动教育共同的关注地带，那么社会上指责的声音往往就大于支持的声音。实际上，就家庭教育内部而言，同样需要强化个体教育与集体教育之于劳动教育的关联，否则就会导致法国学者桑格利所说的当代家庭教育"个人主义化"，家庭成员个人主义不断增强，家庭集体劳动教育弱化，家庭开展劳动教育的难度增加。因此，劳动教育的有效落实需要不同层面、不同类型的协同创新。

第二节　新时代劳动教育的价值与使命

党的十九大提出"培养担当民族复兴大任的时代新人"的战略要求后，中国特色社会主义教育事业的发展随之进入新时代。2018年9月10

日，习近平总书记在全国教育大会上强调，坚持中国特色社会主义教育发展道路，努力建构德智体美劳全面培养的教育体系，历史性地将劳动教育与德育、智育、体育和美育纳入国民教育体系。站在中国特色社会主义新时代的历史方位上，厘清劳动教育的时代价值和历史使命，是劳动教育课程设计与实施的必要前提。

一、新时代劳动教育的价值

哲学范畴中的价值是指客体能够满足主体需要的效益关系，是"客体向主体呈现的意义"①。在教育学场域中，劳动教育的价值强调的既不是经济学场域中对于生产生活的满足，也不是社会学场域中对于社会共同体的价值，而是对于人的发展的价值和意义，不是劳动本身的价值及有用性。因此，劳动教育的价值可以界定为劳动教育的实践活动在评价中显现出的现实的、具体的教育意义。新时代劳动教育一方面联通生活世界，实现人的全面发展，满足人类美好生活的内在需求，实现劳动教育的本体价值；另一方面通过丰富教育目标体系与课程结构，从整体上完善社会主义全面发展的教育蓝图，实现劳动教育的工具价值。

（一）新时代劳动教育助力实现人的全面发展

新时代劳动教育旨在落实马克思主义关于人的全面发展的教育思想，意在培育受教育者全面发展的人格，助力培养担当中华民族复兴大任的时代新人。劳动教育在新的历史语境下，从独特育人的本体价值到综合育人的融合价值，都彰显出对人的全面发展不可替代的重要意义。

1.劳动教育的本体育人价值

劳动是创造物质财富和精神财富的过程，是人类特有的基本社会实践活动。人通过劳动，在满足自身各种生理和心理需求的同时，发挥着本体育人价值。

---

①檀传宝.劳动教育的概念理解：如何认识劳动教育概念的基本内涵与基本特征[J].中国教育学刊,2019(2):82-84.

就生理层面而言，在生产劳动的过程中，人的身体组织与外界自然进行能量的交换，人解决了自己的物质生活问题，生命得以延续，生存得以保障。人通过使用生产工具和习得生产劳动技能，实现个体生理上的生存和发展。在心理层面上，劳动使人成长为心智成熟的完整的人。德国古典哲学的创始人伊曼努尔·康德曾断言，人作为未完成性存在，永远不会是一个完人，人具有不断完善自身的特性，不断追求自己的规定性。①人积累劳动经验，从事劳动实践，即是个体完善心智的综合过程，在此过程中，人的学习动力得到激发。正如法国著名启蒙思想家雅克·卢梭对于爱弥儿从事农业劳动和木工劳动的描述："倘若当爱弥儿发现别人将木板钉成箱子时，他就想弄明白树木是如何被砍伐的，当他自己工作的时候，他拿到他所用的任何一样工具时他都要这样说。"②劳动激发的好奇心成为促使个体主动学习和自主探索的内在动力。在劳动实践的过程中，劳动主体塑造自身独特的认知、情感、态度和意志。人对劳动对象的操作、运用和再创造，实际上是劳动主体在实践中建构新的认知图式的过程。通过实践推理，人的认知思维方式得以塑造。劳动实践形成了生产关系。个体在从事物质生产劳动的同时，也在创造着自己的社会关系。在参与劳动实践的过程中，人们形成了互相帮助、交往协作的劳动关系，陶冶了关心体察、担当责任的劳动情感，确立了热爱劳动、尊重他人的劳动态度，磨炼了攻坚克难、超越发展的劳动意志。

马克思主义劳动教育理论强调教育与生产劳动相结合是"造就全面发展人的唯一办法"③。早期的劳动教育立足于教育与劳动的直接统一，通过劳动维持个体的基本生存。随着阶级社会的产生，统治阶级和劳动者分化为"劳心者治人，劳力者治于人"的两极，劳动教育的价值未被社会主导意识形态认可。1958年提出的"教育必须同生产劳动相结合"

---

①伊曼努尔·康德. 实用人类学[M]. 邓晓芒，译. 上海：上海人民出版社，2005：232-233.

②卢梭. 爱弥儿[M]. 李平沤，译. 北京：商务印书馆，1996：251.

③马克思恩格斯选集：第2卷[M]. 北京：人民出版社，1995：212.

的教育方针，既提升了劳动者的社会地位，又强调了生产劳动的教育性和实践性，反映了马克思主义有关教育与生产劳动相结合的理论的实质，即通过现代科学将教育和生产劳动结合在一起，共同作用于培养全面发展的人。①劳动教育的根本价值就在于全面提升个体的自由力量，促进人的全面发展。②

新时代劳动教育的本体价值追求青少年劳动素养的培育。劳动教育是以提升学生劳动素养的方式促进学生全面发展的教育活动。③它打破了传统劳动教育侧重知识和技能培养的局限，全面建构集合劳动观念、劳动能力、劳动习惯和品质以及劳动精神等多层次的劳动素养培养体系，旨在达成学生的终身幸福和全面发展。

2.劳动教育的综合育人价值

育人是新时代劳动教育的基本追求。劳动教育的开展需要紧紧围绕培养担当民族复兴大任的时代新人这一根本目标，着力提升学生综合素质，促进学生全面发展、健康成长。国家坚持综合育人的理念，在劳动教育的顶层设计中着眼于人的整体性，关注学生健全人格的发展，发挥劳动教育的综合育人价值。教育领域中的各个环节相互影响、相互作用而又平等。④新时代劳动教育与德育、智育、体育、美育相融合，这是在新的历史阶段下劳动教育的根本立场。"以劳树德、以劳增智、以劳强体、以劳育美"的方针，体现了新时代教育人文主义取向，劳动教育通过与其他"四育"融通并联，以自身特有的具身属性促进人的全面发展。

---

①班建武."新"劳动教育的内涵特征与实践路径[J].教育研究,2019,40(01):21-26.

②程从柱.劳动教育何以促进人的自由全面发展:基于马克思主义劳动观和人的发展观的考察[J].南京师大学报(社会科学版),2020(3):16-26.

③檀传宝.劳动教育的概念理解——如何认识劳动教育概念的基本内涵与基本特征[J].中国教育学刊,2019(2):82-84.

④本纳.普通教育学:教育思想和行动基本结构的系统的和问题史的引论[M].彭正梅,等,译.上海:华东师范大学出版社,2005:80,89.

劳动教育是实现立德树人教育根本任务的重要载体，强调劳动观念、劳动精神、劳动习惯和劳动品质本身即是德育的重要内容。苏霍姆林斯基这样评价劳动与道德的关系："劳动是道德之源、人类的创造性劳动是道德素养的本源，也是精神素养的基础。"①我国教育家陶行知提倡通过"做"这一实践活动来破除教育中存在的一些诟病。②劳动教育强调对学生身体的关注，在具身实践中造就感官、肢体与心灵的连接。与以往的道德说教不同，青少年在亲历的劳动实践中认清劳动的本质，明晰劳动的内涵，增强劳动的责任意识，通过劳动体验感悟正确的世界观、人生观和价值观，树立马克思主义理想信念，养成勤俭、奋斗、创新、奉献的劳动精神，将个人成长的历程自觉融入国家发展大业。

劳动教育的增智作用显而易见。人的劳动需要脑力和体力的结合，需要充分发挥眼、耳、手、脑等的协调作用，人的智力在劳心与劳力的过程中得以促进和发展。新时代劳动教育强调身心参与，注重手脑并用。学生在面对真实的社会性生产服务情境时，善用观察思考，依托所学知识解决实际问题，在提高劳动质量和效率的过程中整合直接经验与间接经验，形成新的认知结构。同时，劳动教育通过亲历实践促进学生对其他分科知识的理解和掌握，提高学生多方面能力，提升学生学业水平。

强健体魄是劳动教育的直接效益。以往重智育、轻劳育的教育倾向导致当代青少年普遍孱弱、不堪重负、身体素质差。从劳动素养培育角度来看，要教育青少年热爱劳动，首先要使其学会劳动、能够劳动。劳动素养的核心是劳动能力，关键是劳动观念和劳动品格。新时代劳动教育强调劳动对增强体质、磨炼意志的重要价值，鼓励学生参与劳动、吃苦耐劳。这里的"吃苦耐劳"，不仅指意志品质的坚韧，还包括身体的耐受。

①苏霍姆林斯基.让少年一代健康成长[M].黄之瑞,张佩珍,姚亦飞,等,译.北京：教育科学出版社,1984：182.

②李珂,蔡元帅.陶行知劳动教育思想对新时代加强大学生劳动教育的启示[J].思想教育研究,2019(1)：107-110.

劳动教育的美育作用贯穿劳动实践的全过程。人通过劳动来认识世界、创造美，从而为自身奠定对劳动、创造、认识的美感，因此，劳动创造美，这是教育的一个完整的领域。①人类在劳动创造之前即有美感的需要，并按照美感的需要去进行劳动创造。马克思在《1844年经济学哲学手稿》中证实了目的性的劳动之美："动物只是按照它所属的那个种的尺度和需要来建造，而人却懂得按照任何一个种的尺度来进行生产，并且懂得怎样处处都把内在的尺度运用到对象上去。因此，人也按照美的规律来生产。"②劳动过程本身就是一种美好的体验。学生应该"充分熟悉并了解劳作不是一种枷锁和负担，而是一种美和光荣、一种幸福、一种对世俗生活的美好祝愿"③，学生可以将劳动实践转化为感受美、欣赏美、表达美的过程，在劳动创造中形成高尚的审美情趣。

因此，没有劳动教育的参与，"五育"之其他"四育"将无法圆满实现人的全面发展这一根本性旨归。新时代的劳动教育，既应当突出劳动教育的独特育人价值，又应当关注劳动教育与德育、智育、体育、美育的融合育人价值。

（二）新时代劳动教育连接生活

中共中央、国务院在2020年3月20日发布的《关于全面加强新时代大中小学劳动教育的意见》明确提出将劳动教育纳入人才培养全过程，纵向维度上贯通大中小学各学段，横向维度上贯穿家庭、学校、社会各方面，这本身就体现了新时代劳动教育连接生活的基本需要，劳动教育的触角延伸至青少年学段的全过程以及生活的全方位。

1.理想与现实的疏离——劳动教育现实危机的表征

长期以来，各地区和学校坚持教育与生产劳动相结合，在实践育人方面取得了一定成效。同时也要看到，劳动教育的危机逐渐显现。近年

①蔡汀，王义高，祖品.苏霍姆林斯基选集：五卷本第3卷[M].北京：教育科学出版社，2001：821.
②马克思恩格斯全集：第42卷[M].北京：人民出版社，1982：99.
③康建朝.跨越一个半世纪的手工教育[N].中国教育报，2019-12-20(05).

来劳动的独特育人价值在一定程度上被忽视，劳动教育在学校中被弱化，在家庭中被软化，在社会中被淡化。青少年缺乏劳动实践的现象尤为严重，学生重视书本的理论知识学习，轻视实践技能的培养，动手能力差，实践能力弱。

学校课程与学生生活世界的分离、学生对于教育的功利化取向和对于劳动的漠视，严重影响着劳动教育的成效。其一，学校忽视了劳动教育的特殊性，将劳动教育作为在集中时段、封闭空间开展的单向孤立的知识传授式传统课程，使学生失去了具身体验劳动的机会。其二，当代青少年的家长多是出生于改革开放以后的独生子女，自身参与劳动实践较少，在思想上容易倾向应试教育，在培养孩子的过程中只关注学业成绩，而忽视劳动实践，甚至认为家务劳动占用了学习时间而请人代劳。家长在意识上割裂了劳动与教育的关系。其三，市场经济的消极影响导致了社会对于劳动价值的误读。社会上充斥着不劳而获、贪图享乐、崇尚暴富、急功近利的不良思想，学生在这些负面影响中容易轻视劳动、不愿劳动、不会劳动。

2.书本知识与生活经验的连接——劳动教育价值的回归

劳动教育重视学生的生活体验。新时代劳动教育在课程发展中的价值实际上体现的是个体经验在教育价值上的回归。劳动教育是个体通过书本学习劳动知识，随后将书本知识运用到劳动实践中，再将亲历经验转化为新的认识，最后通过反思升华成新的认知的过程，美国著名哲学家、教育家杜威早在20世纪前半叶就深切呼唤教育界重视儿童个体经验的养成，他视教育为学习者积极主动地自我建构的过程，知识的获取是一个将经验转化的综合过程，不能依靠被动地"注入"和"告知"。在这一过程中，劳动实践承担着联通知识世界和生活世界的桥梁作用。劳动教育的经验使得书本知识的内化、生活化成为可能。

劳动教育本身具有突出的社会性和实践性，学生只有通过参与社会生活和生产实践，才能体验劳动的教育价值，只有通过走进真实的生活世界和职业世界，才能在认识世界的基础上获得有积极意义的价值体验。国家尤其关注劳动教育情境中的实践性和过程性，《关于全面加强新时代大中小学劳动教育的意见》指出了新时代劳动教育的基本原则，即需遵循符合学生年龄特点、以体力劳动为主、手脑并用、强化实践体验的教育规律，整合家庭、学校、社会各方力量，适应科技发展和产业变革，体现时代特征。教育部在2020年7月印发的《大中小学劳动教育指导纲要（试行）》进一步强调了劳动教育的基本理念，即强调身心参与、注重手脑并用、发挥主体作用、激发创新创造、继承优良传统、彰显时代特征。

新时代劳动教育指向实践。劳动教育重视学生的身心发展规律，为不同学龄阶段的学生设计相应的劳动教育实践形式，为联通知识世界与生活世界提供了可能。新时代劳动教育在各个层面上都表现出"空间序"：在宏观层面上，劳动教育与学生个人生活、校园生活和社会生活有机结合，学生在学习和生活中丰富劳动体验；在中观层面上，劳动教育有机渗透于学科专业的实践活动中，分科课程协同提供劳动实践机会；在微观层面上，劳动教育必修课强化自身的实践环节，通过活动策划、技能指导、练习实践、总结交流等形式，激发学生劳动实践的主动性、积极性和创造性。新时代劳动教育在各个学段上体现出"时间序"：在小学低年级锻炼生活自理能力，小学中高年级开展校园劳动和家庭劳动实践；在初中体验校内外生产劳动和服务性劳动；在高中继续丰富服务性劳动和生产劳动的职业体验；在职业院校参与真实的生产劳动实习实训；在普通高等学校结合学科专业积累创新创业的职业经验；等等。新时代劳动教育的"空间序"和"时间序"结合在一起，共同打造劳动教育连接生活生产实践的教育体系。

（三）新时代劳动教育完善教育目标体系与课程结构内涵

对于劳动教育价值的讨论，不应囿于其对学生个体发展的贡献，更应将其放置于教育生态场域，探讨其对于教育目标体系及学校课程建设的影响。

1.新时代劳动教育完善教育目标体系

我党历来重视生产劳动的教育功能，倡导教育与生产劳动相结合。早在中华苏维埃时期，毛泽东在1934年就将"教育与生产劳动联系起来"列为当时教育方针的主要内容，直至20世纪90年代，"教育与生产劳动相结合"的宗旨被写入《中华人民共和国教育法》，劳动教育始终是党的教育方针的重要组成部分，但鉴于各个历史阶段工作重心的差异，我国教育目标体系中劳动教育的侧重略有不同，随着我国教育方针从毛泽东提出的培养德智体三方面发展的"有社会主义觉悟的有文化的劳动者"，到党的十六大提出的德智体美"四育"全面发展，再到新时代德智体美劳"五育并举"，劳动教育在我国教育体系中的重要地位逐步得到深化与夯实。

新中国成立初期，我国教育方针虽强调教育与生产劳动相结合，但却侧重生产劳动的建设，当时的劳动教育以"为工农服务，为生产建设服务"为旨归。1955年5月19日，全国文化教育工作会议提出在注意学生德育、智育、体育和美育的同时，有步骤地在中小学实施基本的生产技术教育。虽然国家搭建了系统的生产劳动技术教育体系，但由于轻视体力劳动的社会思想并未真正改变，生产技术教育的效果并不理想，学校教学条件也无法保证劳动技术教育政策有效执行。

全面建设社会主义时期，劳动教育演化为思想改造和阶级斗争的工具，其政治化的教育意义在此时达到顶峰。教育事业的迅速发展造就教育供给与需求的巨大差异。国家财政经费已经无法应对不断扩张的教育规模，劳动教育因此成为解决教育经费问题的突破口。1957年，毛泽东确立了培养劳动者的教育目标，即"使受教育者在德育、智育、体育几方面都得到发展，成为有社会主义觉悟的有文化的劳动者"[1]。劳动教育强调社会主义觉悟，旨在改造"劳心劳力相分离"的资产阶级思想。

---

①何东昌.中华人民共和国重要教育文献(1949—1975)[M].海口:海南出版社，1938:735,792.

次年，当时的教育部部长提出坚持"教育为工人阶级的政治服务，教育与生产劳动相结合"①，明确了劳动教育作为消除体力与脑力分工、进行阶级斗争的工具价值。这20年，我国劳动教育曲折探索，劳动教育在我国教育目标体系中的地位不断变化。

社会主义现代化建设新时期，国家从为社会主义现代化服务的宏观层面上设计劳动教育，劳动教育在我国教育目标体系中的地位不断提升。党的十一届三中全会确立了党和国家以社会主义现代化建设为工作中心，教育和劳动相结合的原则被重新定义，劳动教育被确定为我国全面发展教育的组成部分之一。1978年，邓小平提出，"必须认真研究在新的条件下，如何更好地贯彻教育与劳动相结合的方针"②。自此，"教育必须为社会主义建设服务"取代了过去"教育必须为无产阶级政治服务"，被写入1993年中共中央、国务院印发的《中国教育改革和发展纲要》中。有关劳动教育的方针，也经历了从"五育"到"三育"的演变过程。劳动教育被视为基础教育的一部分。1986年，《关于中华人民共和国义务教育法（草案）的说明》指出，"应该贯彻德、智、体、美全面发展的方针，适当进行劳动教育，使青少年受到比较全面的基础教育"③。同年10月，中学德育大纲研讨会提出"把德育作为德、智、体、美、劳五育全面发展的一个有机组成部分，使五育互相配合、互相渗透"④。20世纪90年代，中央认同德、智、体"三育"全面发展方针的普遍性和历史统一性，将劳动教育纳入广义的德育、智育、体育要素之中，否定了劳动教育作为独立要素提出的必要性。1993年颁布的《中国教育改革和发展纲要》和1995年颁布的《中华人民共和国教育法》正式将我国的教育目标确定为培养"德、智、体等方面全面发展的社会主义

①
②何东昌.中华人民共和国重要教育文献(1976—1990)[M].海口:海南出版社,1998:1607.
③何东昌.中华人民共和国重要教育文献(1991-1997)[M].海口:海南出版社,1998:2409.
④何东昌.中华人民共和国重要教育文献(1976-1990)[M].海口:海南出版社,1998:2046.

建设者和接班人"，劳动教育作为培养"四化"建设人才的必要组成部分，引起了人们的高度重视。

全面建设小康社会时期，劳动教育在我国教育目标体系中的战略地位逐步得以明确。1999年6月，中共中央、国务院《关于深化教育改革全面推进素质教育的决定》提出全面推进素质教育，其中要求"加强和改进对学生的生产劳动和实践教育，使其接触自然、了解社会，培养热爱劳动的习惯和艰苦奋斗的精神"。2001年5月，国务院《关于基础教育改革与发展的决定》明确了新世纪基础教育改革的基本方针，即教育"必须与生产劳动和社会实践相结合，培养德智体美等全面发展的社会主义事业建设者和接班人"，这一表述被写入党的十六大报告和2015年修订的《中华人民共和国教育法》中。党的十六大并未将劳动教育直接纳入德智体美"四育"的教育方针中，但其提出的"尊重劳动、尊重知识、尊重人才、尊重创造"等"四个尊重"作为党治国理政的重大指导方针，被写入党的十七大、十八大报告，并在十九大以后被写入了《中国共产党章程》。2015年7月，教育部、共青团中央和全国少工委联合印发《关于加强中小学劳动教育的意见》，明确劳动教育是全面贯彻党的教育方针的基本要求，对于推进教育现代化、实现"两个一百年"奋斗目标和中华民族伟大复兴的中国梦具有重要的现实意义。

2018年9月，全国教育大会阐释党的教育方针时重提德智体美劳全面发展，确立了"五育并举"的教育方针，劳动教育在我国教育目标体系中达到前所未有的高度。新时代，我国要坚持中国特色社会主义教育发展道路，努力建构德智体美劳全面发展的教育体系，劳动教育成为我国全面发展教育的重要组成部分。2020年3月，中共中央、国务院发布《关于全面加强新时代大中小学劳动教育的意见》，开篇强调了劳动教育的重大意义，即"劳动教育是中国特色社会主义教育制度的重要内容，直接决定社会主义建设者和接班人的劳动精神面貌、劳动价值取向和劳动技能水平"。这是在2020年我国全面建成小康社会并向社会主义现代化强国奋进的新的历史起点上，赋予劳动教育的高度定位。至此，新时代劳动教育在我国国民教育体系中的战略地位得以确立。

劳动教育的价值取向随着社会经济形态的发展而不断变化，在不同的历史时期体现出不同的时代精神，映射出各个发展阶段的劳动教育价值重心，其逐渐从工具性的外在价值演变为存在性的内在价值。新时代党和国家将劳动教育纳入人才培养的全过程，着力培养德智体美劳全面发展的社会主义建设者和接班人，科学地回答了教育要"培养什么人""怎样培养人"和"为谁培养人"的根本问题，丰富了中国特色社会主义教育目标体系的构成，加深了教育目标体系对于国家育人目标的适切性，这是国家在顶层设计上对社会主义国民教育目标体系的完善。

2.新时代劳动教育丰富学校课程结构内涵

课程结构是课程实体内涵的全部构成关系，包括课程构成要素本身的构成以及课程各构成要素的组织化程度。新时代劳动教育课程的设计与实施，从宏观上拓展了我国教育体系的课程结构，从微观上深化了劳动教育课程的结构内涵，从课程结构范式的嬗变历程来看，新时代劳动教育课程体现了整体性课程结构观的价值追求，从"范围"和"深度"两个维度深入而全面地把握了课程结构内涵。

其一，从范围上看，新时代劳动教育开拓了丰富的外在形式。在课程决策层面，国家要求在大中小学开设劳动教育必修课程，同时因地制宜地结合地区在自然、经济、文化等方面的实际条件，与通用技术、地方课程、校本课程等有关内容实行必要统筹；在课程呈现方式层面，新时代劳动教育包括正式课程和非正式课程，其中正式课程包含劳动教育的学科课程和活动课程，活动课程又分为学校组织实施的集体劳动的共同活动和实习实训、社会实践的个别活动。新时代劳动教育课程结构的形式是现代的，劳动教育的形式性构成要素丰富，既开设了劳动教育必修课，又与综合实践活动相结合，既强调分科课程中的劳动教育要素，又兼顾各种课程的综合联系。因此，新时代劳动教育着眼于范围较广的课程结构，如教育部《大中小学劳动教育指导纲要（试行）》中明确了劳动教育正式课程与非正式课程之间的关系、学科课程与活动课程的关系、各个学段课程的配套及衔接的关系，从全景上观照劳动教育的课程结构。

新时代劳动教育关注综合课程与分科课程的联动。综合性是新时代劳动教育课程的重要属性，其强调知识领域与情感领域的统一，集中体现了人本主义注重人的全面发展的课程特点。劳动教育课程综合化，是课程整体优化的重要标志。同时，《大中小学劳动教育指导纲要（试行）》强调在学科专业中有机渗透劳动教育。在中小学阶段，道德与法治（思想政治）、语文、历史、艺术等学科要融入马克思主义劳动观的教育内容，数学、科学、地理、技术、体育与健康等学科要培养科学的劳动态度和创新精神；职业教育院校应在公共基础课和专业课中全面强化马克思主义劳动观和爱岗敬业的劳动态度；普通高等学校应在公共必修课中强化马克思主义劳动观，同时在专业类课程的劳动实践中塑造劳动品质。新时代劳动教育内容被引入分科课程活动的全过程，完善了劳动教育课程结构。

新时代劳动教育重视显课程（正式课程）与潜在课程（非正式课程）的结合。"潜在课程"概念由美国学者杰克逊于1968年提出，在杜威的《国际课程百科全书》中被定义为"那些在课程方案和学校计划里并不明确的教育实践和结果，但它仍然是学校教育经常而有效的部分，被看成是隐藏的、非计划的、不明确的或未被认识的课程"[1]。潜在课程本身就具有德育、智育、体育、美育和劳动教育等方面的价值，能通过学校教育化的环境、学校教育者、校园文化、人际关系等教育信息的载体间接地将教育价值传递给学生。[2]学校在开设劳动教育必修课程（正式

---

① Lewy A. The International Encyclopedia of Curriculum[J]. Pergamon Press,1991:40.

②李臣之.活动课程对学校课程建设的贡献[J].西南师范大学学报(哲学社会科学版),1996(3):25-28.

课程）的同时，还应将劳动教育与学生的个人生活、校园生活和社会生活有机结合起来，在校园文化建设中强化劳动文化。学校通过举办宣传劳动榜样模范事迹的讲座，让学生近距离感受勤勉敬业的劳动精神，开设劳动教育相关的兴趣小组和社团，结合植树节、学雷锋纪念日、五一劳动节、农民丰收节、志愿者日等组织劳动教育活动，营造热爱劳动和尊重劳动的校园氛围，使劳动教育渗透学校每一处教育载体，使学生在校园活动的过程中直接或者间接地养成劳动习惯、塑造劳动品质。这些潜在课程通过校园无处不在的劳动养成教育的信息向学生不断输送教育性经验，与正式的劳动教育课程相得益彰，形成劳动教育的系统化课程。由此，新时代劳动教育重视潜在课程对显课程进行补充的教育价值和对劳动教育课程结构的优化。

其二，从深度上看，劳动教育对课程结构内涵的丰富，还体现在课程价值观的改变上。课程从形式上可分为分科课程和综合课程。不同于分科课程注重精英教育和重视学校选择功能的价值取向，综合课程显示了教育平等和非集权化的价值追求。究其实质，课程结构的研究视角还应该深入到课程的实质性分析。新时代劳动教育关注的焦点是社会主义建设者和接班人的全面发展。劳动教育的价值取向更注重人的劳动价值观和劳动素养的培养。劳动教育课程结构的实质性构成要素潜藏于课程内部，通过教授劳动技能的知识课程、培养劳动文化的情意课程、鼓励劳动实践的体验（综合）课程予以显现。在课程内容层面，新时代劳动教育准确把握了劳动教育中知识与经验的关系，全面囊括了劳动知识、劳动情意、劳动者素养培育，明晰了劳动教育保证人的整体性发展的途径。这种立足于学生全面发展的新劳动教育课程观以人的发展为出发点，重视劳动知识与劳动经验相结合的课程实质结构，与过去单纯以社会思想改造或者阶级斗争需要的工具教育和劳动技术课为主体内容的课程实质结构完全不同。

新时代劳动教育着力于从整体上设计课程结构，不局限于课程结构的某一方面或者某一层次需求，并关注课程结构要素的融合，从而避免了以往劳动教育课程建构育人实效低的问题，从整体上提升了劳动教育的课程价值。

二、新时代劳动教育的使命

新时代劳动教育是深入贯彻落实立德树人根本任务、培育全面发展的社会主义建设者和接班人的重要途径。《辞海》对于"使命"的定义虽然分为三类，即"使者所奉之命""奉命出使之一"和"任务"，但是本质内涵基本相近。在建设中国特色社会主义现代化国家的新历史形势下，劳动教育应在与马克思主义劳动观一脉相承的基础上与时俱进，立足中国全面改革开放的社会实际，在劳动观念与劳动实践教育中充分彰显时代特色。

（一）培育马克思主义劳动价值观

劳动价值观是指人对于劳动价值的主观认识，亦是对劳动价值全部主观评价的抽象集合。劳动教育即是以促进学生形成劳动价值观和养成劳动素养为目的的教育活动。[1]其中，马克思主义劳动价值观是劳动教育的本质目标。[2]一方面，马克思主义劳动价值观是我国长期以来历史实践的统一认识，是中国特色社会主义教育制度的重要内容。尊重劳动的价值观是受教育者热爱劳动和劳动创造的内在动力。只有培养青少年尊重劳动、热爱劳动的观点和态度，才能焕发劳动教育的内在生命力。另一方面，培育马克思主义劳动价值观，是我国社会主义现代化建设进程的现实需要。当下社会劳动价值观异化现象时有发生，少数青少年好逸恶劳、嫌贫爱富、不劳而获的劳动观念折射出劳动教育观变革的迫切需要。在建设社会主义现代化国家的重要时期，尤其需要在全社会形成

---

[1]檀传宝.劳动教育的概念理解:如何认识劳动教育概念的基本内涵与基本特征[J].中国教育学刊,2019(2):82-84.

[2]檀传宝.加强和改进劳动教育是当务之急:当前我国劳动教育存在的问题、原因及对策[J].人民教育,2018(20):30-31.

正确的劳动价值氛围，培养学生牢固树立尊重劳动、热爱劳动过程的价值态度。

新时代劳动价值观的培养需要贯穿人才培养全过程，贯穿学校、家庭、社会各方面。只有学校、家庭、社会联动实施劳动教育，积极构筑囊括整个教育生态体系的责任链条，才能在劳动价值观的培养中形成合力。劳动教育应以马克思主义为指导思想，融合学生发展与国家需要，在教学中结合社会主义核心价值观，适时引导学生体悟马克思主义劳动历史观、马克思主义劳动价值观和马克思主义实践观等理论内容，使学生在马克思主义价值引领的基础上树立劳动意识、获得劳动技能。家长是孩子的第一任老师，学生在家庭环境中耳濡目染地学习家长对于劳动的态度。树立热爱劳动的优良家风，引导孩子参与日常家务劳动有助于正确劳动价值观的养成。社会是教育生态的外围系统，尊重劳动、鼓励劳动创造美好生活的舆论氛围有助于学生形成正确的劳动价值观，使其正确理解劳动是人类发展和社会进步的根本力量，认识劳动创造人、劳动创造价值、劳动创造美好生活的道理，尊重劳动，尊重普通劳动者，牢固树立劳动最光荣、劳动最崇高、劳动最伟大、劳动最美丽的思想观念。

（二）促进人格锻造

中文语境下的"人格"具有两个主要含义：其一为个性、特征、态度与习惯，其二为道德品质。劳动教育不仅关乎人的劳动态度与劳动习惯的培养，更能助力道德品质的提升。劳动是人类的本质特征和存在方式，劳动创造人本身，是实现人的全面发展的充分必要条件。抗战时期，青年借助劳动和劳动教育形成民族大义的人格修养，即高尚纯洁的人格、博爱互助的精神、侠义勇敢的气概和刻苦耐劳的习惯；[1]和平建设时期，劳动教育在青少年健全人格发展的过程中发挥着更加重要的作用。

---

①程德慧.黄炎培劳动教育思想的生成逻辑、科学内涵及当代价值[J].教育与职业,2021(14):5-12.

新时代劳动教育强调"五育并举",这是陶铸德智体美劳全面发展人格的必然要求。党的民族复兴大任需要培养具有正确的世界观、人生观、价值观的德才兼备的时代新人。在这一人才培养体系中,劳动教育占据最基础、最本真的地位。劳动教育使受教育者成长为同时具备坚强的身心素质、积极的劳动态度、全面的劳动素质、顽强的劳动意志、高尚的劳动情操等健全人格的劳动者。换言之,一个具备健全人格的劳动者,一定拥有积极向上的事业观、审美观、劳动观,这些正向的观念态度又反哺于劳动者高尚人格的锻造。劳动教育作为"五育"之一,与德育、智育、体育和美育共同作用于人的全面发展,并将成为有机凝结其他教育的统合途径,使学生真正获得改进自身及其所在世界的本质力量,实现自由和全面的发展。

(三)强化劳动精神培育

劳动精神的内涵是崇尚劳动、热爱劳动、辛勤劳动、诚实劳动。2018年9月10日,习近平总书记在全国教育大会上强调:"要在学生中弘扬劳动精神,教育引导学生崇尚劳动、尊重劳动,懂得劳动最关荣、劳动最崇高、劳动最伟大、劳动最美丽的道理,长大后能够辛勤劳动、诚实劳动、创造性劳动。"中共中央、国务院《关于全面加强新时代大中小学劳动教育的意见》,在劳动教育的总体目标中明确要求,通过劳动教育"使学生能够体会劳动创造美好生活,体认劳动不分贵贱,热爱劳动,尊重普通劳动者,培养勤俭、奋斗、创新、奉献的劳动精神"。

劳动是中华民族的精神标识。劳动精神已经深入中华民族的精神文化血液,在伟大复兴、奋发图强的中国梦之旅中扮演着重要角色。新时代劳动教育首先应当在认知上培养学生崇尚劳动、热爱劳动的态度,进而使学生在实践中养成辛勤劳动、诚实劳动的劳动品德。同时,在互联互通、产业迭代加速的现代化建设进程中,尤其应该强调中华民族自强不息、追逐梦想的精神和勤劳苦干、脚踏实地的作风,这是中华民族一脉相承的兴国之魂、民族气质。通过新时代劳动教育,学生对待劳动,不仅能够服从安排，按时完成劳动任务，而且在社会公德和职业道德中发挥勤俭、奋斗、创新、奉献的劳模精神和精益求精、追求卓越的工匠精神，继承中华民族勤俭节约、敬业奉献的优良传统，弘扬开拓创新、砥砺奋进的时代精神。新时代劳动教育应培养学生成为具有积极向上的劳动精神、认真负责的劳动态度以及勤劳高尚的劳动品德的德智体美劳全面发展的社会主义建设者和接班人。

（四）提高创造性劳动能力

劳动者素质对于一个国家、一个民族的发展至关重要。时代的发展与劳动力结构的改变对劳动者素质提出了更高要求。随着人类社会的发展与进步，劳动形态不断演进更迭，简单的体力劳动已经无法满足社会发展的需要，脑力劳动占劳动形态的比重越来越大。当前，人们处于国家深化改革、社会瞬息万变的场域中，面临着更加多元的劳动形态和产业形态。传统手工业或者机械制造业的劳动项目已经不足以满足社会发展的需要，也不足以调动学生主动参与劳动的热情。

新时代劳动教育既应体现时代特征，又要顺应时代发展。中共中央、国务院《关于全面加强新时代大中小学劳动教育的意见》提出，劳动教育的基本原则要"体现时代特征"，并多次强调构建体现时代特征的劳动教育体系，使劳动教育能适应科技发展和产业变革，通过改进劳动教育方式，提高受教育者创造性的劳动能力。因此，劳动教育在实践维度上应注重顺时顺势培养学生的劳动技能。一方面，兼顾传统劳动和新型劳动，致力于培养创新性劳动者，注重结合产业新业态、劳动新形态，与时俱进地选择新型服务性劳动教育内容，改进劳动教育方式，为学生体验现代科技条件下劳动实践的新形态、新方式提供支持。另一方面，着重创新劳动教育模式，通过与高新技术企业共享、联建、创建等方式挖掘现代企业劳动教育的优势，给学生提供学习实践的平台，使学生在参与现代企业劳动实习实训的过程中，培养创新意识，提升创新性劳动能力，成为能适应未来现代化社会发展的具备综合职业素养的劳动者。

劳动教育是中国特色社会主义教育制度的重要内容，直接决定社会主义建设者和接班人的劳动精神面貌、劳动价值取向和劳动技能水平。2021年，在中国共产党百年华诞的重大时刻，在"两个一百年"奋斗目标历史交汇的关键节点，在全面建成小康社会、脱贫攻坚战如期打赢、实现第一个百年奋斗目标并即将迈入社会主义现代化建设新征程的历史阶段，强调劳动教育具有重大的时代意义。这是新时代坚持和发展中国特色社会主义教育事业的必然要求，也是不断自我完善、自我革新的党的教育事业的历史经验。新时代劳动教育的使命，应当把培育马克思主义劳动价值观、促进人格锻造、强化劳动精神、提高创造性劳动能力四个方面的任务措施结合起来，把劳动教育的实效转化为社会主义建设的能力，培养学生成为胜任社会主义现代化强国建设事业的接班人。

第三节　劳动教育的理论基础

劳动为文明奠基，文明因劳动而兴。新时代加强劳动教育，对于塑造品格、锤炼人格、锻炼意志，进而培养德智体美劳全面发展的社会主义建设者和接班人具有重要意义。然而，囿于价值理念和教育体制，"唯分数论"的应试教育模式依旧挤压着劳动教育的地位，劳动教育的价值本真被扭曲，劳动教育的育人属性日渐式微。在此现实情况下，如何消除应试教育的不良影响，提升劳动教育的价值地位，成为教育理论与实践界亟待考量的问题。理论指引实践，实践映照理论。要想认清劳动教育的本质，提升劳动教育的价值地位，必须对劳动教育进行深入的理论研究，"从纷繁复杂的理论世界中找寻到能够针对某种问题或现象且能够产生解释效应的理论体系"[1]。结合我国劳动教育的现状，以及劳动变革和消费社会的时代背景，本书认为劳动教育有三大理论基础，

①杨晓奇.学校发展的"内卷化"表征与破解[J].教育研究与实验,2017(5):06-66.

分别为马克思主义劳动理论、具身认知理论和自然主义理论。

一、马克思主义劳动理论

劳动概念在马克思、恩格斯哲学理论体系中扮演着重要角色，无论是政治经济学，还是历史唯物主义，抑或是教育学，马克思和恩格斯均围绕"劳动"这一概念提出了许多著名的论断，如"劳动创造了人本身"[①]"劳动是人的本质，是人的存在方式，人的本质力量通过劳动得以实现、丰富和展开"[②]"劳动创造了道德主体，道德是主体在劳动关系中创造的文化形态，实现了主体对道德的需要"[③]。此外，马克思、恩格斯特别强调教育与劳动相结合，认为教育与生产劳动相结合是实现人的全面发展的唯一途径。马克思指出"生产劳动给每一个人提供全面发展和表现自己的全部能力即体能和智能的机会，这样，生产劳动就不再是奴役人的手段，而成了解放人的手段"[④]。马克思主义劳动理论对劳动和劳动教育进行了鞭辟入里的论述，对从马克思主义劳动理论出发探寻我国劳动教育的本质具有较强的理论指导意义。

（一）马克思主义劳动理论的基本观点

马克思主义劳动理论对劳动教育的本质、劳动教育的形态以及劳动教育的价值都有着明确的解释，为我们更深层次地理解劳动教育提供了独特的视角。

第一，劳动教育的本质。马克思主义劳动理论是在对黑格尔逻辑至上的"逻各斯中心主义"异化劳动现实的、富有成效的批判基础上形成的。[⑤]马克思主义劳动理论立足于领悟现实生活，体现了对教育现实性的观照，对于劳动教育的实践性认知具有关键作用。从《1844年经济学

---

①马克思恩格斯选集:第3卷[M].北京:人民出版社,2012:988.

②查英,陈鹏.劳动教育关照幸福的三重维度[J].教育发展研究,2020,40(24):44-49+66.

③李梦.从道德的劳动起源认识道德本质[J].理论观察,2019(8):30-32.

④马克思恩格斯选集:第3卷[M].北京:人民出版社,2012:681.

⑤李庆霞."现代性"批判的先声:重读马克思的异化劳动理论[J].哲学研究,2004(6):12-16.

哲学手稿》对异化劳动的批判中可以看出，马克思认为劳动的本质是人的"对象性活动"，这一思想蕴含以下几层含义：一是马克思主义劳动理论中人的本质是一种有生命的自然人，而不是无生命的工具人，是对自己所从事的劳动具有强烈自发追求的人，而不是简单的受外在奴役和禁锢的一种被动性存在物；二是马克思主义劳动理论中人的本质是一种现实意义上的人，劳动不是一种唯有人才能具备的精神层面的、高扬的"自我意识"，而是以现实为基础的对象性实践活动；三是马克思主义劳动理论中的人是一种主体性的个体，其所从事的劳动不是被无条件制造、自行设置的过程，而是对象具有主体性的创造性活动；四是马克思主义劳动理论中的人是一种具有历史特性的人，历史的形成本质是人的自我形成的过程，人与历史是密不可分的，劳动则是人们创造历史的重要手段。综上所述，马克思从对人与劳动的属性的解释之中，揭示出劳动教育的本质，即劳动教育中的主体应是具有生命性、现实性、主体性和历史性的个体，劳动是个体创造历史、创造自身的重要手段，劳动教育的本质是一种以情感、态度和价值培育为核心的综合性教育，不能将其等同于知识和技能的简单掌握。纵观我国劳动教育实施现状，由于多重因素的交互影响，劳动教育实施中存在劳动教育被边缘化、弱化等实践困境，造成劳动教育在培养学生素养的过程中遭遇了"人"的价值危机。人被物化为"政治人""技术人"和"经济人"，脱离了"育"的本真，劳动不再是人创造历史的手段，而被片面化为追求利益和短暂"现世幸福"的工具①，这不利于劳动教育的推进与实施。马克思主义劳动理论关于劳动本质的论述，对我们认知与深刻理解劳动教育具有重要意义。

第二，劳动教育的形态。马克思主义劳动理论对于劳动教育形态的系统阐释，不仅使教育与劳动的结合更为紧密，也为劳动教育的实现路径提供了方向。从本质上来讲，"任何劳动都是在一定社会生产关系条

①徐海娇. 劳动教育的价值危机及其出路探析[J]. 国家教育行政学院学报，2018（10）：22-28.

件下进行的。随着生产力的发展，劳动的领域将不断扩展，具体形态将不断变化，其复杂程度也将不断提高"①。马克思提出，"劳动首先是人与自然之间的过程，是人以自身的活动引起、调整和控制人与自然之间物质变换的过程"②。这一概念，主要介绍了劳动的最初形态，即物质生产劳动。这是由于早期社会生产力较为低下，需要的劳动大部分是体力劳动。例如，在原始社会，人们的主要目的是能够在自然环境下生存，满足生理需要和安全需要，因此以简单的体力劳动为主，此时的劳动教育也就体现为单一的物质生产劳动。进入近代社会，随着社会的快速发展，脑力劳动和体力劳动的分工开始出现，这也就使劳动的形态增加了以脑力创造为主的精神性生产劳动，同时物质性生产劳动开始丰富。但是马克思、恩格斯通过对人类社会发展历史的考察，特别是对工场手工业取代个体手工业，进而走向机器大工业历史进程的审视，发现社会分工的不同造就了人的片面性发展，劳动的形态也开始出现两极分化。这就导致了劳动教育割裂增长，出现了整体性丧失的样态，进而造成以教育为代表的精神生产劳动的片面发展。随着社会的继续发展，进入现代社会后，劳动的形态不再仅有物质性生产劳动和精神性生产劳动，开始出现社会服务性劳动。马克思在《剩余价值理论》中指出，"工人不仅补偿原有价值，而且还创造新价值……只有在这种情况下才可以说，这种工人的劳动是真正生产的"③。任何社会（包括社会主义社会），只有提供剩余劳动的生产才是具有经济意义的生产，提供剩余的劳动才是经济意义上的生产劳动。④随着社会的发展，以服务性劳动为主的第三产业兴起，社会服务性劳动开始成为劳动的新形态，其表现为以运输、销售为主的生产性劳动和以教育、医疗等为核心的生活服务性劳动在社会中所创造的价值越来越凸显。从马克思主义劳动理论中

---

①邓先宏,傅军胜,毛立言.对劳动和劳动价值理论几个问题的思考[J].经济研究,2002(5):3-12+92.

②马克思恩格斯选集:第2卷[M].北京:人民出版社,2012:169.

③马克思恩格斯全集:第26卷[M].北京:人民出版社,2014:143.

④包亚钧.社会服务性劳动是创造价值的生产劳动[J].社会科学,1995(7):25-26.

我们可以看出，目前劳动的形态主要有物质性生产劳动、精神性生产劳动和社会服务性劳动三种形态。但是对劳动形态的片面化认识导致劳动被片面地理解为"生产劳动"，等同于以工农业为主的体力劳动形态，进而使劳动教育被简单地等同于"体力劳动"，如让学生进行卫生打扫、值日活动等简单的劳动，甚至将劳动教育等同于一种惩戒手段，"惩罚训诫之意遮蔽了劳动的教育意蕴，在儿童的内心留下惧怕与厌恶的阴影，对劳动产生排斥心理"[①]。

第三，劳动教育的价值。马克思在对资本主义社会下的"虚幻共同体"进行深入研究之后，对劳动的价值作出了概括性解释。他认为"劳动对人来说已成为一种异己的、同他对立的力量，这种力量压迫着人，而不是人驾驭着这种力量"[②]。从中可以看出，此时劳动的价值在于对个体主体性的禁锢和压制，表现为一种生存手段，是个体的被迫性劳动输出，是强制性折磨身心的资本增值工具。马克思认为，压迫性劳动对于个体的发展是不利的，由此他提出：劳动的价值不再是古典经济学中仅为维持肉体生存的、外在的、令人厌恶的强制性活动，而是自由的"按照内在尺度"和"美的规律"的生产，包含了人的创造性感性活动，即生产人自身的本质力量的过程，是一种自由自觉的生命活动，体现出此种价值的劳动才表现为人的自由生命。[③]人的劳动和自由并不矛盾，二者是相辅相成的关系，人劳动的目的是实现自由，自由则能更好地促进人的劳动。自由和劳动二者是高度一致的。对于劳动教育而言，劳动价值仍然存在定位不清的问题，仅仅将劳动教育的价值定义为经济价值，将劳动当作获取社会财富的源泉，忽视了劳动教育的本源性价值和教育性价值。具体而言，劳动教育中的本源性价值主要是指个体以自由劳动为导向，快乐、自主地进行创造，以期达到个体身心合一、促进个

---

①徐海娇,柳海民. 遮蔽与祛蔽：劳动的教育意蕴[J]. 湖北社会科学,2017(6):13-18.

②马克思恩格斯文集：第1卷[M]. 北京：人民出版社,2009:537.

③刘洋,穆艳杰. 从自由劳动的视角诠释劳动的价值：基于马克思自由劳动理论的解读[J]. 海南大学学报(人文社会科学版),2020,38(6):111-117.

体全面发展。但是目前，由于劳动教育价值定位中本源性价值的缺失，劳动教育出现了身心分离的现象，劳动教育变成身体教育，弱化了劳动教育中个体自由性和创造性的培养。劳动教育中的教育性价值是指劳动教育不仅是为了将教育和生产劳动相结合，产生社会价值，也是为了促使个体其他"四育"的发展，劳动教育的缺失会阻碍个体的全面发展。目前对于劳动教育教育性价值的忽视，导致劳动教育在"五育"当中日渐式微，阻碍了个体的全面发展。因此，想要实现劳动教育的正本清源，就必须明确其价值定位，进而为劳动教育的实施提供清晰的方向。

（二）马克思主义劳动理论的劳动教育意蕴

马克思主义劳动理论，深刻揭示了劳动与教育的关系，即劳动与教育两者唇齿相依、密不可分，共同作用于人的全面培养过程。苏联著名教育家苏霍姆林斯基指出，"劳动是一种极为复杂的现象，它可以揭示人的思想、情感、智力、美感、心理状态、创造精神，揭示教育和自我教育的意义。人生育人，而劳动则把人造就成真正的人"[①]。从某种意义上来讲，离开劳动的教育，不是真正意义上的教育。由此，劳动是培养人的主要手段和关键途径，劳动教育必须贯穿学校教育的始终。

马克思主义劳动理论以劳动本质、劳动形态和劳动价值为核心内容，蕴含着劳动最光荣、劳动最崇高、劳动最伟大、劳动最美丽的价值指向。可以说，劳动教育是造就全面发展的人的唯一方法，是改造现代社会的最强有力的手段之一。劳动教育对于培养全面发展的社会主义建设者和接班人、实现人的全面自由发展具有重要价值，根本原因在于教育与劳动的价值旨趣的内在一致性。由此，为深刻全面地理解劳动教育的内在逻辑，充分发挥劳动教育对培养社会主义建设者和接班人的作用，我们必须深刻理解与领会马克思主义劳动理论。

二、具身认知理论

实现学生个体的全面发展，是我国的根本教育目的。从生物学角度

---

①蔡汀,王义高,祖晶.苏霍姆林斯基选集:五卷本第1卷[M].北京:教育科学出版社,2001:624.

来看，个体的全面发展包括生理和心理两个方面，其中生理方面主要是指个体身体层面的发展，心理方面主要是指个体认知层面的发展。身体发展和认知发展统一于个体之中，两者唇齿相依、和合与共，共同作用于个体的全面发展。然而，囿于传统价值理念的思维桎梏，我国现实教育场域之中普遍存在过度重视学生的认知发展而忽视学生身体发展的异态，此种身心二元分离教育形态的异化衍生，严重阻碍了学生的全面发展。在现实教育场域之中，具体表现为过度重视与"应试""升学""分数"等相关的认知教育，而忽视与身体发展相关的劳动教育。具身认知理论认为，身体的构造和状态、身体的物理属性及大脑与身体的特殊感觉——运动通道对认知具有塑造作用，与传统认知心理学的符号加工模式具有极大的不同。具身认知理论强调了心智或认知对身体及其感觉运动系统的依赖性，指出"认知既是具身的，也是嵌入的，大脑嵌入身体、身体嵌入环境，构成了一体的认知系统"[①]。面对现实教育场域中劳动教育的边缘化、形式化、单一化，用具身认知理论来解释劳动教育，具有强烈的理论适切性和解释力。

（一）具身认知的理论渊源

从历史源流来看，具身认知理论是在鲜明反对以法国近代哲学的开启者笛卡儿为代表的二元主义信息加工论和行为联结论的基础上产生的。二元主义通过强调肉体与灵魂、事实与价值、理论与实践、主体与客体的二元分离，寻求确定性、客观性和普遍性。从某种意义上来讲，二元论思维在一定程度上促进了人们对客观世界的认识，然而，"二元分离的思维痼疾引发了种种思想认识上的悖谬与实践领域中的迷惘"[②]。在人们对二元论尖锐的批判声中，具身认知理论应运而生。具身认知理论认为，个体的认知发展不是像"计算机程序"一样进行简单的存储、

①叶浩生. 有关具身认知思潮的理论心理学思考[J]. 心理学报,2011,43(05):586-598.

②张良. 论具身认知理论的课程与教学意蕴[J]. 全球教育展望,2013,42(04):27-32+67.

加工和提取的过程，而是个体身体、心智、环境三者相互交融的复杂过程。与此同时，在认知发展过程之中，身体及通过身体所产生的经验，对个体具有独特的功能与作用。经过诸多学者的理论论证，具身认知理论日益成为研究个休认知发展的一种重要理论视角。然而，理论的论证往往带有强烈的主观色彩，此种缺乏数据支撑的主观判断难免让人产生怀疑。科技的发展、脑神经科学等新兴技术的运用开启了具身认知理论的试验验证。约斯特曼（Jostmann）和拉科尼斯（Lakens）等学者的试验证明，身体负重情况不仅影响被试对事物重要性的评价，而且影响被试思维的努力程度。威廉姆斯（Williams）和巴奇（Bargh）等学者的试验证明了身体的感受情况与人际关系之间的关联性。哈瓦斯（Havas）等学者对被试的皱眉肌肉注射肉霉素使之暂时麻痹，发现被试在阅读、理解"皱眉"相关句子时明显速度变慢，从而证明认知的形成与身体的感觉运动系统有直接的联系。①一系列的科学试验，不断验证认知活动并非单纯理性、封闭、抽象的活动，而必然依赖于身体的生理结构以及身体的经验、经历所拓植与参与。②至此，具身认知理论既有丰富的理论研究，又有强有力的实验支撑，具身认知理论开始成为一个具有科学性意义的新的心理学理论，对个体的认知和身体的关系进行强有力的论证。

（二）具身认知的理论模型

通过梳理，目前关于具身认知的理论模型主要有概念隐喻理论、知觉符号理论和感知运动模拟隐喻理论三种。首先，概念隐喻理论。概念隐喻理论由莱考夫（Lakoff）和约翰逊（Johnson）提出，其核心是围绕具体概念和抽象概念二者之间的关系论证身体和认知之间的关系，而在这个过程中很重要的手段就是隐喻。这一理论模型的主要观点为"抽象概念无论如何复杂，它必然会与身体性部分发生联结。人们的经验只局

---

①叶浩生．身心二元论的困境与具身认知研究的兴起[J]．心理科学，2011，34（04）：999-1005．

②张良．论具身认知理论的课程与教学意蕴[J]．全球教育展望，2013，42（04）：27-32+67．

限于身体所能经验的，并且基于身体经验来概念化抽象概念"①。然而，此种理论模型虽然对认知与身体之间的关系进行了逻辑论证，但只是对单一知觉和单向性的加工方式进行了论述，难以对复杂的概念、认知形成进行有效的解释。其次，知觉符号理论。与概念隐喻理论强调隐喻的单向性不同，知觉符号理论强调隐喻的双向性，认为认知的形成是主体对外部世界多种通道的综合反应，主体在知觉世界时，不仅需要内在客体的参与，而且需要外部环境的加入。环境在模拟系统中被加工处理，形成情境的概念化（situatedconceptualizations），以协助主体对客体的加工。然而，知觉符号理论虽对概念隐喻理论的显在弊端进行了补充，但是仍然不能对认知的内在过程进行合理的解释。最后，感知运动模拟隐喻理论。感知运动模拟隐喻理论在前两个理论模型的基础上进行了综合分析，其主要观点有：第一，具体概念和抽象概念二者的隐喻是双向的，即身体运动和感觉是相互关联的；第二，早期经验对于个体的隐喻获得没有直接的决定作用；第三，人们的认知发展需要身体和心理的相互联系，并通过学习获得。需要特别指出的是，以上三种理论模型观点均证明个体在学习过程中认知和身体与由身体活动所创造的经验密不可分，这对深化劳动教育的认识具有重大意义。

（三）具身认知理论对劳动教育的指导价值

劳动教育的深化发展源于认知理论的变革与更新，具身认知理论在教育领域的应用，为劳动教育的变革与发展注入了新的动力。

第一，引发劳动教育的"具身化"转向。个体在学习过程之中，必须依靠身体的通道作用来促进认知的发展。换句话说，认知是具身的，大脑是嵌入身体当中的，而身体又嵌入环境当中，三者形成了一个闭合的环。身体从环境中获得经验并传递给大脑，大脑再对这些经验进行加工，产生新的认知，与此同时，新的认知通过大脑传递给身体，进而影

---

①郑皓元,叶浩生,苏得权.有关具身认知的三种理论模型[J].心理学探析,2017,37(03):195-199.

响环境，实现认知的能动作用。在学校教育场域，个体的学习过程依赖于身体与认知的交互作用，在此过程中，劳动教育发挥着重要的价值效用。劳动教育是将身体放入环境、汲取经验的重要途径，可以为德智体美"四育"的发展提供认知新素材，帮助学生进行内部的加工和提取，实现知识与个体的联结，进而推动个体的内在动机，促进教育的能动性、建构性的发挥。然而，目前我国对于劳动教育的认识与定位尚存在模糊不清的情况，有人认为劳动教育毫无用处，这导致个体的全面发展失去了抓手而难以实现。与此同时，有人认为劳动教育是心智发展的教育，实施过程不需要身体的参与，这导致了"去身体化"现象的出现。具体来看，目前仍有观点认为劳动教育及其效果都只针对"脖颈"以上的部分，对"脖颈"以下的部分是无用的、可有可无的。有学者对身体的作用也产生了误解，"身体的意涵依然没有超出理智的'载体'和'容器'隐喻的牢笼，劳动教育的过程甚至成为'去身体'的精神训练，并不需要身体的参与，甚至将身体视为通向真理的阻碍与屏障，或者仅仅是把心智带到课堂的物质载体"[①]。脱离身体的劳动教育，从本质上来讲，分离了身体与心灵，割裂了个体的生命性与主体性，使个体成为被驯服的肉体。具身认知理论对于身体重要性的阐述，能够清晰地定位身体在个体劳动教育当中的重要性，为解决劳动教育的"去身体化"提供了依据。

第二，催生劳动教育的情境化变革。具身认知理论认为，个体对于抽象概念的理解离不开具体概念的架构，而具体概念则强调个体身体与环境相互作用所得出的经验。然而，由于多重因素的交互影响，我国劳动教育目前处于严重的封闭化、去情境化的困境。此种情况下的劳动教育，被认为是一种单纯的劳动知识、劳动技能和劳动情感的灌输教育，只需要在课堂和学校的封闭化环境中进行。此种割裂身体与自然环境的教育，严重忽视了劳动教育的意涵。从本质上来讲，劳动教育的根本目

[①]徐海娇. 劳动教育的价值危机及其出路探析[J]. 国家教育行政学院学报,2018（10）:22-28.

的在于培养个体的劳动习惯和劳动价值观。这表明，劳动教育不是单一的心智教育，而需要身体和情境的联合参与。这就要求个体必须走出课堂、走出学校，去田野、去自然环境中进行身体经验的汲取，让其滋养心智的发育，激发内在动力，并对其余的德智体美"四育"进行"反哺"，实现个体能动性的全面发展。而且，开放化、情境化的劳动教育也能解决现今诸如肥胖、注意力紊乱和抑郁症等影响儿童身心健康的病态[1]，为儿童的心理健康和身体健康打下基础。

三、自然主义理论

作为自然的类属物，人是具有独特性、能动性的生命体存在。人可以通过主观能动性，剥离对自然环境的绝对依附，并通过劳动对自然环境进行有意识的改造，实现与自然的有机融合。由此我们可以看出，自然是个体生存与发展的基点，而劳动则是人类在自然中永续发展的关键所在。现代教育的深化发展，强调劳动教育对学生发展的重要作用。然而，由于教育体制机制的束缚，现今学校场域之中的劳动教育呈现出去自然化、去个体化的异态。长此以往，劳动教育被异化为体力劳动，等同于劳动知识和劳动技能的机械学习。此种脱离社会实践、脱离自然世界、脱离个体发展的劳动教育，失去了原有的价值意蕴。自然主义理论强调个体与劳动、自然的有机融合，为劳动教育的开展提供了理论指导。因此，自然主义理论可以作为劳动教育的又一大理论基础。

（一）自然主义理论的历史源流

作为教育理论科学化道路上的重要进步，自然主义可以追溯至古希腊时期，其中以亚里士多德为代表。亚里士多德强调效法自然，认为"教育的目的及其作用有如一般的艺术，原来就在效法自然，并对自然的任何缺漏加以殷勤的补缀而已"[2]。他将个体的发展定义为在自然基

①理查德•洛夫. 林间最后的小孩：拯救自然缺失症儿童[M]. 王西敏，译. 北京：中国发展出版社，2014：30.
②滕大春. 外国教育通史[M]. 山东：山东教育出版社，1989：290.

础上的德智体的全面发展，同时强调自然与个体的和谐关系。从中我们可以看出，虽然亚里士多德并没有明确阐述劳动的作用，但他从体育的角度出发，引出劳动教育的重要性，为后续自然主义理论的进一步发展奠定了理论基础。真正从教育学角度对自然主义进行系统论述的是捷克教育家夸美纽斯，他强调教学的"秩序自然"和"个性自然"。"秩序自然"指秩序是把一切事物教给人们的教学艺术的主导原则，这是应当并且只能以自然的作用为借鉴的。[①]夸美纽斯强调教育必须在自然秩序的框架中进行，突出自然在教育中的规则作用。"个性自然"是指教育应该顺从个体的自然性，即教育应该以儿童的天性、年龄、能力为基础，重视教育的个体性。夸美纽斯从"秩序自然"和"个性自然"的多元角度对自然教育的解读，对于深刻理解个体与自然的关系、发展自然主义理论具有重要意义。然而，由于特定历史时代的限制，夸美纽斯深受神学主义的影响，使其自然主义思想中个体与自然的融合夹杂着神学的色彩，未能完全开展关于人的主体性的讨论，影响了自然主义理论的深化。法国思想家、教育家卢梭的思想打破了这一状态，实现了自然的"纯人化"发展，使自然主义开辟了教育人本化的新方向。卢梭认为，"大自然希望儿童在成人之前就要像儿童的样子。如果我们打乱了这个次序，我们就会造成一些早熟的果子，它们长得既不丰满也不甜美，而且很快就会腐烂，我们将造就一些年纪轻轻的博士和老态龙钟的儿童"[②]。卢梭从人性本善的角度出发，认为教育就是顺应人性善的方向，促使个体的进一步发展。同时，他还对个体成长的影响因素进行阐述。他认为人的成长受到三种因素的影响："或是受之于自然，或是受之于人，或是受之于事物。我们的才能和器官的内在发展，是自然的教育；别人教我们如何利用这种教育，是人为的教育；我们对影响我们的事物获得良好的经验是事物的教育。"他强调个体的发展过程需要人、自然、事物三者的共同作用，即个体在自然环境中，从以事物为劳动对象的劳

---

① 夸美纽斯.大教学论[M].傅任敢,译.北京:人民教育出版社,1984:78.
② 卢梭.爱弥儿[M].李平沤,译.北京:商务印书馆,1994:5.

作中获取经验，并将其内化为个体的认知发展。卢梭在对爱弥儿的教育过程中，详细阐述了一个观点。卢梭强调我们应该相信儿童，顺应儿童的天性，并为儿童的发展创造自由的环境，以使其天性得到合理的释放。受卢梭自然主义的影响，瑞士教育家裴斯泰洛齐进一步发展与完善了自然主义理论。裴斯泰洛齐强调按照人的天性来进行教育，虽然和卢梭一样倡导人的天性的重要性，但与卢梭强调人性本善的单一性不同，裴斯泰洛齐强调人性的双面性。裴斯泰洛齐将人性分为低级天性和高级天性，教育就是要促使个体高级天性的发展，并使低级天性转向高级天性，由此强调，一方面要遵循儿童的天性；另一方面又要通过教育的作用，把人性提升到更高的道德境界。裴斯泰洛齐认为，只有教育才能把人身上以暧昧状态潜在的能力发掘出来，教育的目的就在于"促进人的一切天赋能力和力量的全面和谐的发展"[1]。德国教育家第斯多惠以独特的视角，将自然主义与社会相结合，实现了自然和社会的有机融合，使自然主义理论更加具有实践性。第斯多惠除了遵循卢梭和裴斯泰洛齐提出的自然适应原则，还提出了文化适应原则，即在教育中必须注意一个人出生或生活所在的地点和时间的条件。一言以蔽之，要注意就广义和包罗万象的意义来说的全部现代文化，特别是学生祖国的文化。[2]第斯多惠认为，自然适应原则是教育的最高原则，但不是唯一原则，同时必须考虑文化适应原则，否则教育是肤浅的，并不能真正地促进个体的发展。自此，自然主义理论已经进入了相对完善的时期，对教育的发展也产生了重要影响。综上所述，虽然每个研究者所强调的自然主义理论观点有所不同，但其理论核心还是个体发展、自然、劳动三者的关系，并且他们都强调儿童亲身体验的重要性，重视教育的机制不是从外灌输，而是顺应儿童的内在发展，通过加强个体的亲身感知，由内而外地促进儿童行为和认知的发展，这为劳动教育的发展提供了关键性的指导意义和价值。

①张焕庭.西方资产阶级教育论著选[M].北京:人民教育出版社,1979:96.
②王春燕.自然主义教育理论及其思考[J].教育理论与实践,2001(9):58-61.

（二）自然主义理论的劳动教育原则

基于自然主义理论的劳动教育，主要有实用性和适宜性两个原则。第一，劳动教育的实用性。从本质上来讲，劳动是社会发展的重要手段，这就要求劳动教育必须结合社会特征，并基于社会的新发展对自身的内容进行实时更新。在社会生产力较为低下的时期，劳动教育的内容和形式表现为较为简单的脑力劳动和体力劳动，但是随着社会生产力的提高，劳动教育应该指向更加具有创造性的劳动，以适应社会的发展。然而，由于传统价值理念的束缚，我国现今劳动教育内容的实用性较差，在劳动教育的实施过程中，往往将其等同于低级的体力劳动，如让学生打扫卫生、擦黑板、做值日等。这与新时代劳动教育的要求严重不符。新时代需要创新型、复合型的劳动人才，更多强调劳动教育的高级形式。因此，我们应加强高科技、高创新等实用性内容在劳动教育中的比例，这样才能使个体的发展与社会相结合。第二，劳动教育的适宜性。劳动教育的适宜性是指劳动教育应根据不同阶段学生的认知与心理发展特征，开展有针对性的教育，切忌"一刀切"。从本质上来讲，劳动是个体独特的社会活动方式，个体的差异性要求劳动教育的课程设置一定要照顾到学生的发展特征。具体来看，在幼儿园阶段，劳动教育更多是启蒙性教育，应该更加倡导幼儿对环境的接触，从中对儿童的劳动品格进行必要性启蒙；在小学阶段，劳动教育的根本目的在于对劳动习惯的培养，该阶段可以通过大量的劳动实例，让学生切实感受到劳动习惯在个体发展中的重要性，从而为个体劳动价值观的塑造和劳动精神的培养打好基础；在初中阶段，劳动教育的目的在于进行职业启蒙教育，使学生通过劳动教育体会劳动创造美好生活的现实价值与意义，进而培养吃苦耐劳、认真负责、勇于担当的劳动品质和意识；在高中阶段，劳动教育应该强调个体劳动价值观的培养，让学生接受锻炼、磨炼意志，形成尊重劳动、热爱劳动的劳动意识，并培养主动服务他人、服务社会的劳动情怀。

第二章　新时代劳动教育的目标阐释

　　劳动教育是一项有组织、有目的、有计划的教育活动，其核心目的是促进学生的全面发展。但这个目的只是劳动教育总的方向指引，其规定了劳动教育的价值取向。为了达到促进个体全面发展的目的，劳动教育目的需要转化一系列具体的教育目标。劳动教育目标，即劳动教育所要达到的预期结果，是劳动教育系统的出发点和归宿，在劳动教育运行中发挥着重要作用。它是选择劳动教育内容的依据，也制约着劳动教育实施的方向，更是劳动教育评价的参考标准。只有明确教育目标，才能提高劳动教育的自觉性和针对性。受特定社会历史条件的影响，劳动教育目标在发展过程中发生了一些畸变，如被异化为政治运动的工具，窄化为学习生产技能的载体，虚化为教育惩戒的手段，泛化为综合社会实践的方式等，导致劳动教育效力弱化。为了准确定位新时代的劳动教育目标，应明确其教育目标的生成逻辑、内在矛盾和根本指向，并在此基础上构建劳动教育目标体系。

第一节　劳动教育目标的畸变表征

由于社会条件、教育环境、教育对象等的差异，劳动教育目标具有深刻的历史性。历史上，劳动教育曾被作为政治运动的工具，夸大其意识形态的意义；也曾被作为经济工具，学校被视为工厂；人们甚至将劳动教育视为教育惩戒的手段，把"劳动"视为"体力惩罚"……这些都是劳动教育目标畸变的表征，因为它们异化、窄化、虚化了劳动的教育价值，也影响了劳动教育育人价值的发挥。

一、异化为政治运动的工具

劳动教育在特定的社会历史环境中进行，受社会生产力和生产关系的影响，不同社会、不同时代赋予劳动教育以不同的意义和价值。新中国成立后，我国坚持教育必须同生产劳动相结合，强调劳动人民要知识化，知识分子要劳动化。无产阶级劳动观指导下的劳动教育，为培养"有社会主义觉悟的有文化的劳动者"作出过突出贡献。但在"左"的思想影响下，劳动教育过于"政治化"，成为阶级斗争的工具。1956年，我国在三大改造完成后进入全面建设社会主义时期。为了达到培养"有社会主义觉悟的有文化的劳动者"的教育目的，学校均把生产劳动列为正式课程。学校开设"生产知识课"，推进"勤工俭学"，组织"上山下乡"，提倡"一边劳动，一边学习"，以培养"又红又专"的社会主义劳动者。劳动教育被赋予了强烈的政治功能，带有鲜明的阶级立场。劳动教育的这种阶级属性在"文化大革命"期间被进一步强化。1966年至1976年间，我国教育领域强调"大破大立"，中小学停课"闹革命"，"劳动"成为一切教育的中心，并取代一切教育。"文化大革命"期间，全国"以干代学""开门办学"①"上山下乡",走"七二一"②道路。在一定程度上,这些劳动引导青年通过挥锄头、舞镰刀锻炼了自身吃苦耐劳的劳动精神,树立了奋发进取的人生信念,提高了关注民族命运的政治品格。但持续放大的"造反"和"革命"使劳动教育甚至沦为阶级斗争的工具。劳动教育的教育意义逐渐消解于社会大生产中,过分夸大的"体力劳动"使人们谈"劳"色变,劳动教育事业受到严重破坏。

在"左"的思想影响下,劳动教育被赋予"消灭三大差别""防止资本主义复辟""铲除资本主义复辟的社会基础"的政治功能,异化为"政治运动"和"阶级斗争"的工具,造成知识分子与工农群众、脑力劳动与体力劳动、学习与劳动的严重对立,这严重破坏了劳动教育的客观规律。反思这一时期劳动教育的发展,教育目标异化的原因是复杂的。一是没有科学运用马克思主义"教育与生产劳动相结合"的思想。教劳结合是"造就全面发展的人的唯一方法",而个人全面发展的实质就是生产劳动者智力和体力都得到充分发展,实现脑力劳动与体力劳动的统一。可见,马克思主义并没有以体力劳动和脑力劳动作为阶级划分的标准。但在新中国成立初期,特别是在"文化大革命"时期,我国把体力劳动和脑力劳动严重对立起来。学校教育不仅要培养又红又专的体力劳动者,还要消灭脑力劳动者,因为他们"似乎"是旧社会的"劳心"剥削阶层。没有科学地继承马克思主义教劳结合思想,给中国社会带来严重的伤害。二是盲目地"以俄为师"。"借用苏联经验,建设新民主主义教育"是新中国成立后重要的教育发展路线。我国全面学习苏联的劳动教育经验,将共产主义劳动观的培育作为政治任务推行。劳动教育领域过度迷信苏联,盲目崇拜斯大林,以至于思想僵化,教条主义泛滥,出现一系列问题。三是缺乏劳动教育实践经验。新中国成立后,我

---

①1970年7月21日,《红旗》杂志刊登的文章《为创办社会主义理工科大学而奋斗》提出:"试行'开门办学',厂校挂钩,校办工厂,厂带专业"使知识分子接受再教育"。

②1968年7月21日,毛泽东在《从上海机床厂看培养工程技术人员的道路》的调查报告上作出重要批示,提出"要从有实践经验的工人农民中选拔学生,到学校学几年后,又回到生产实践中去"(后来简称"七二一指示")。

国积极恢复国民经济，普及学校教育，消灭童工。但如何正确辨别中国传统的"劳力"与"劳心"之分，教育怎样与生产劳动结合才能实现马克思强调的"培养全面发展的人"的目标，怎样将工人农民和知识分子融合起来为无产阶级服务……对于这个崭新的社会主义国家而言，这些问题都是需要重新探索的。

二、窄化为学习生产技能的载体

新中国成立初期，我国处在社会发展的过渡期，是恢复国民经济的关键阶段。"为生产建设服务"是劳动教育的重要理念。面对严峻的毕业生就业和升学问题，劳动教育主要培训学生的生产技能，帮助其就业。在此背景下，一系列具有生产技术教育性质的课程出现在中小学课程体系中，如手工劳动课、农业常识课、制图课、工农业基础知识课等。中学还开设实习课，初中生主要在工厂和实验园地实习，高中主要进行农业实习、机械学实习和电工实习。

1978年12月，党的十一届三中全会的召开，标志我国进入改革开放的历史新时期。随着党和国家的工作重心逐步转移到经济建设领域，社会主义现代化建设开启伟大征程。中国的经济模式逐步由计划经济向市场经济转化，必然要求教育领域作出相应的改革。在社会主义现代化建设的大背景中，为了培养符合四化建设的人才，学校全面开设劳动教育。这一时期的教育重"技术"，关注就业需求，强调结合工农业生产实际开展教育教学。在具体实施上，劳动技术课成为劳动教育实践的主渠道。如表2-1所示，改革开放后，小学的劳动课和初中的劳动技术课得到全面开展。小学阶段主要设置劳动课，强调"通过自我服务劳动、家务劳动、公益劳动和简单的生产劳动的教育和实践"提高学生的劳动意识，逐步养成劳动习惯。中学阶段设置了农基课，初中主要讲授"作物栽培、动物饲养的基础知识"，高中则侧重"农业科研的一些初步知识"。1981年，"农基"被"劳动技术"所取代，重在引导学生掌握基本的劳动技能，包括工农业生产、服务性劳动及公益劳动等。1982年的

《教育部关于普通中学开设劳动技术教育课的试行意见》、1986年的《全日制普通中学劳动技术课教学大纲（试行稿）》、1988年和1992年的《九年制义务教育全日制初级中学劳动技术课教学大纲》、1997年的《全日制普通高级中学劳动技术课教学大纲》等都对劳动技术课作出了总体安排和内容更新。

表2-1　改革开放以来小学劳动课、初中劳动技术课程的比例变化[①]

年份		小学（劳动）	初中
1978年		—	（农基）0.7%
1981年		1.6%	3.5%
1984年	城市小学	2.1%	
	农村小学	1.4%	
1988年	五四制	2.2%	6.8%
	六三制	2.7%	6.48%
1992年	五四制	2.2%	7.5%
	六三制	2.7%	6.5%
2001年（综合实践活动）		6%~8%	

劳动教育在"劳动技术观"的指导下发展，有利于培养生产技能人才。但是，我们若只是将劳动教育视为学习生产技能的载体，则偏离了劳动教育的育人本质。其过度强调"技术"，"技术"挤压"劳动"，甚至代替"劳动"，劳动教育成为谋求功利的工具。而且，过度强调"技术"，容易陷入马尔库塞所言的"发达的物质文明里单向度的人"，与劳

①小学、初中学段的科目比例参照如下课程计划（教学计划）计算而来:1978年《全日制十年制中小学教学计划试行草案》,1981年《全日制五年制小学教学计划（修订草案）》,1984年《全日制六年制城市小学教学计划（草案）》,1984年《全日制六年制农村小学教学计划（草案）》,1988年《义务教育全日制小学、初级中学教学计划（试行草案）》（六三制）,1988年《义务教育全日制小学、初级中学教学计划（试行草案）》（五四制）,1992年《九年义务教育全日制小学、初级中学课程计划（试行）》（六三制）,1992年《九年义务教育全日制小学、初级中学课程计划（试行）》（五四制）,1995年《关于实行每周40小时工作制后调整全日制中小学课程（教学）计划的意见》（六三制）,1995年《关于实行每周40小时工作制后调整全日制中小学课程（教学）计划的意见》（五四制）,2001年《基础教育课程改革纲要（试行）》。肖驰,池梦丹.课程形态结构持续更新且日趋均衡[J].中国教育学刊,2018(6):9-17.

动教育培育全面发展的人的目标是背道而驰的。劳动技术观也影响着当前劳动教育的发展。在科技日益发达的社会，教育与生产生活紧密联系。很多人认为教育应以帮助学生就业为目标，以培养就业所需要的技能为主。劳动教育也应该是个体学习生产技能的重要载体，应成为社会经济发展的推动力。但是仅仅将劳动教育作为学习生产技能的载体的这种观点明显是片面的，其体现出的实用主义、功利主义倾向，与劳动教育的育人目标是相悖的。劳动教育不是为社会培养片面发展的"经济人"，而是全面发展的人。

三、虚化为教育惩戒的手段

"惩戒"一词中"惩"指处罚，"戒"是警戒，"惩戒"就是"通过处罚来警戒""惩罚以示警戒""责罚以示警戒"，即"通过对不合范行为施与否定性的制裁，从而避免其再次发生，以促进合范行为的产生和巩固"。就此而言，"戒"的目的是警戒和预防，是"惩"的最终目的。为了对学校、班级进行更好的管理，当学生出现各种失范问题时，教育管理者会对其实施不同程度的惩戒。

教育惩戒问题一直是新时代教育改革进程中人们普遍关注的问题，以何种方式进行教育惩戒更是引起广泛争议。2020 年 7 月，北京一家律师事务所法治校园团队起草的《中小学生违规行为惩戒实施办法》在网上引发了关注和争议。这个办法将需要惩戒的行为分为两种：第一种是影响教育活动正常秩序的行为；第二种则是影响个人学习成长的行为。其还明确由班主任实施惩戒的方式有：批评教育、背诵、体育、劳动、写作、隔离、收管物品、停课反省，以及其他有利于学生成长的惩戒办法。由于劳动具有劳累、辛苦的意涵，教育管理者往往将劳动等同于限制学生自由、规训学生行为的教化手段。那么，劳动是否等同于惩罚？以劳动惩戒学生是否合理？

劳动作为惩戒手段，在中西方文化史上有很深的渊源。古今中外，人类关于劳动的最初认知都不同程度地含有辛劳、痛苦、费力的意蕴。如亚里士多德将奴隶所从事的劳动视为人类最低等级的活动。在基督教的正统观念里，世俗劳动则是人类为侵犯伊甸园果实作出的救赎，代表着苦难、报应和救赎。于是，在教育场域中，劳动常常被等同于规训学生行为的惩戒手段。

当前，"把劳动当成惩戒工具"的现象在校园里并不鲜见，甚至带有一定的普遍性。一些学校把劳动与学习对立，安排学困生完成学校义务劳动，甚至以"不用值日"作为对学优生的奖励。更为常见的是，没有完成作业的学生被罚擦黑板，迟到的学生负责浇花，调皮捣蛋的学生被罚打扫包干区，打架斗殴的学生被罚冲厕所……擦黑板、扫地、擦玻璃、冲厕所等成为班级管理者最热衷的劳动惩戒方式。惩戒是以不伤害受罚者身心健康为前提，施罚使失范者感到身心痛苦，促使其改过的一种教育方式。教育者以脏的、苦的、累的劳动来规训学生的行为，表面上看来的确使学生"苦不堪言"，达到了"惩"的效果，但"戒"之效果不得而知。而且此方式一旦使用不当，还将严重扭曲劳动的教育意蕴。劳动惩戒是学生为自己犯的错误买单，劳动与"错误"捆绑，那么，作为"惩戒"方式的劳动就会不断暗示学生劳动是消极可耻的，犯错者才需要劳动。久而久之，学生在不断的劳动体验中形成的意识是劳动并不光荣、劳动并不美丽、劳动也不幸福。如若学生在心理上鄙视劳动、行动上疏远劳动，那么必然影响其正确劳动观的形成，也会影响劳动教育功能的实现。总之，劳动或许是一种有效的教育方式，但不应将其虚化为教育惩戒的手段，影响其教育功能的发挥。

四、泛化为社会实践的方式

社会实践是一个非常广泛的概念。广义的社会实践是人类认识和改造世界的活动总和，即人类从事的各种活动。狭义的社会实践一般指学校组织的校外活动，包括各种环保类校外活动、科普类校外活动、服务类校外活动等。社会实践是中小学的重要课程，有利于引导中小学生学会生活、学会学习、学会做人，是实现学生培养目标的重要途径，也是创新教育的重要方式。当前，中小学普遍开展研学旅行、参观革命教育基地、植树、公益卖报、到敬老院慰问、做安全小达人等校外活动。对于大学而言，社会实践是"跨世纪青年人才工程"的重要组成部分，是学生走向社会的重要环节，是教育与实践相结合的时代呈现。作为课堂教学的延伸，社会实践主要引导学生走出校园，走向田间地头，走进工厂车间。在责任的践行中将自我与社会结合具有重要意义，青年通过现实社会的实践正确认知自我和社会，不仅内化自身的社会行为规范和价值理念，还深化自身的社会责任意识和道德意识。如青年参与社会公共服务可感受到自我的存在，形成正确的角色认知，在践行责任中体会到人生的价值在于奉献，在于为社会服务，缩短了自我与社会的距离，有利于青年将自我与社会结合。当前，大学普遍开展勤工俭学、社会调查、社会服务、挂职锻炼、就业实习、科技文化卫生"三下乡"活动等校外活动。

劳动教育与社会实践的关系问题，是劳动教育发展过程中普遍关注的问题。劳动教育与社会实践有关联之处。两者都强调实践育人，都强调引导学生通过实践提升自身素质，实现理论与实践的结合。同时，一些走出校园、走向田间地头、走进工厂车间的社会实践方式也是劳动教育实施的重要方法。但劳动教育与社会实践存在本质性区别。劳动教育是育人体系之一，与德智体美"四育"相并列。在某种程度上，社会实践是落实劳动教育的方式之一，其重点在于引导学生在理论与实践的结合中提升自身的综合素质。而劳动教育的重点则是培养学生的劳动习惯和劳动品质，引导其树立科学的马克思主义劳动观。因此，基于两者之间的关联，劳动教育可以有效融合社会实践，充分利用这一方式进行劳动教育，但不能把劳动教育泛化为社会实践，否则将淡化和削弱劳动教育的价值。

受各种复杂因素的影响，特别是在应试教育盛行的环境中，学生被禁锢在学校的"铜墙铁壁"中，埋头于写不完的作业里，甚少有课外活动陶冶身心、涵养德性。在这种背景下，走向田间地头、工厂车间和社区广场的所谓"劳动教育"深受欢迎，被视为最佳的减压活动。在各种大型考试后，学校以各种名目积极组织乡村研学、企业研学、社区研学等，学生在浮光掠影的劳动实践活动中，走马观花般完成各种活动，劳动体验如蜻蜓点水般掠过心头，雁过无痕，如此，劳动教育便失去了教育该有的厚重。也正因为如此，劳动教育被泛化为社会实践方式，甚至被误解为休闲活动，体现在春游秋游等活动中，呈现在各种陶艺和剪纸活动里。但是，以休闲和放松为目的的观光式的社会实践，有劳动形式，无教育意义，根本无法激发学生对劳动的感悟，更无法培育学生的劳动价值观。这些走形式的社会实践活动与劳动教育的初衷是背道而驰的。

第二节　劳动教育目标的理论审视

人的类本质是劳动，劳动的本质属性是自由自觉的活动。那么，人的类本质随自由自觉的活动的发展而发展，人的本质实现过程就是人的自由全面发展的过程。在不同的社会经济形态下，劳动形态的变化引起人的不同阶段的发展。步入新时代，人类从谋生劳动逐步向体面劳动过渡，劳动创造幸福成为时代的写照。在此背景下，劳动教育不应被异化为政治运动的工具，窄化为学习生产技能的载体，虚化为教育惩戒的手段，泛化为综合社会实践的方式等。劳动教育应立足劳动新形态，直面"劳动"与闲暇之间的矛盾，恰当处理体力劳动与脑力劳动之间的关系，以促进新时代人的全面发展为目的，培育新时代的马克思主义劳动观。

一、劳动教育目标的生成逻辑：劳动与人的自由全面发展

社会发展是人的自由全面发展的主要依托，人的自由全面发展是在人类社会发展规律作用下的必然过程。在《资本论》中，马克思依据人的劳动生产能力提出了人的自由全面发展的三个历史阶段，即人类经由"人的依赖关系"阶段到"物的依赖性"阶段，必将走向"人的自由个性"阶段。人类发展过程中最初的社会形态表现为"人的依赖关系"。在这种形态下，社会生产力十分低下，人类主要使用"自然工具"，人类需要通过"人的依赖关系"来战胜自然，人类劳动生产的目的只是满足人本身的需要。"以物的依赖性为基础的人的独立性"是人类社会发展的第二个社会形态。在这个阶段，人类使用"文明工具"，创造了丰富的物质财富。社会生产力的提高加速了社会分工，在物质生产中人实现自己的主体性，人类获得独立支配自身劳动力的可能性。这时，人与自然的物质交换关系表现为"以物的依赖性为基础的人的独立性"，即人类主要通过商品交换来满足自身的需要。当社会生产力高度发展，社会物质财富极大丰富时，劳动成为人类社会生活的第一需要。伴随私有制的消亡，人类以"各尽所能，按需分配"的形式来满足自身需要，个人得到自由全面的发展。这就是共产主义社会人的自由全面发展的状态。

马克思论述了资本主义社会普遍存在的劳动异化，强调扬弃异化是实现人的自由全面发展的前提。劳动是人的类本质。其创造了人和人类社会，存在于社会历史发展的每一个阶段中，但却经历着"对象化—异化—对象化"的否定之否定过程。对象化劳动和异化劳动是社会历史发展进程中劳动呈现的两种样态。一方面，劳动的实现就是劳动的对象化，因为在自在自然向人化自然的转变过程中，人类按照"为我之物"的要求改造自然，彰显了人类对象化劳动的力量。因此，劳动的对象化折射劳动的产品就是固定在某个对象中、物化为对象的劳动。对象化劳动是人作为类存在物的表征，是属于世界的存在方式，是肯定的存在。

异化劳动是马克思用来概括私有制社会劳动者同其劳动产品及劳动本身的关系。马克思认为，人的类本质——自由自觉的活动，在私有制条件下发生了异化，劳动不仅体现在形式上，而且体现在内容和结果上，变成一种与人及其愿望和计划相分离的存在。异化劳动是否定劳动本质的表征，是否定的存在。如此，马克思和恩格斯在对古典政治经济学和德国古典哲学进行理论批判时，通过剖析资本主义社会普遍存在的劳动异化的现实，关注到人的感性对象性活动的存在，将人的生命活动重新揭示出来，并强调扬弃异化是实现人的自由全面发展的前提，这具有划时代的意义。

人的自由全面发展是一个历史过程，伴随社会生产力的发展变化，现代社会人的自由全面发展带有独特的阶段性。与马克思所处的时代相比，人工智能时代对"人的全面发展"提出了新要求，即人的全面发展更加注重精神方面的发展。具体而言，科学技术发展日新月异，不断重塑着人类的生产生活世界。随着人工智能革命的推进，人类不断从体力劳动中解放出来。在网络化、数字化、智能化的信息时代，人类的思维方式和行为习惯不断变化。人类在物质需求不断得到满足的同时，以信息技术为主导的现代生活却总充盈着"主体性缺失"和"精神家园无处可寻"的茫然。在人工智能时代，人工智能在越来越多领域呈现"过人"之处，智能似乎无所不能，那么人类到底该如何自处？学习是为了什么？工作是为了什么？生活还有什么意义？这些是个体主体性丧失过程中产生的焦虑。在工具理性和价值理性失衡的背景下，劳动作为促进人的自由全面发展的重要手段，应帮助人类实现类本质的回归。人在劳动中不断"确证人的主体性和生命本质力量"[①]，不断超越自我，不断追求自由个性的全面发展。个体应主动融入人工智能时代，在创造性劳动中凸显人的尺度，建构自身的意义和价值，使自己超越"物的尺度"，回归"主体性"。

---

①徐海娇.重构劳动教育的价值空间[J].中国教育学刊,2019(6):51-56.

"教育与生产劳动相结合"是人类客观的实践活动，其为人的全面发展服务与为社会的发展服务是有机统一的。知识经济时代的劳动教育所承担的角色不再是"政治运动的工具""教育惩戒的手段"，也不仅仅是"学习生产技能的载体"。劳动教育以"劳"育人，指向新时代学生的全面发展，引导学生在处理人与自然的关系中实现劳动能力的全面发展，在处理人与社会的关系中实现社会关系的全面发展，在处理人与自身发展的关系中实现自由个性的全面发展。对于劳动意识淡薄、缺失基本劳动能力的青少年而言，以"手脑并用"为内在要求的劳动教育在促进个体体力与智力全面发展方面具有重要意义，有利于引导其在劳动中实现劳动能力的全面发展；对于身处信息化、全球化、网络化的青少年群体而言，劳动教育引导其进入真实的劳动世界，为其提供社会交往的平台，使其在劳动中学会沟通协作，实现社会关系的全面发展；对于禁锢于学校"铜墙铁壁"中的青少年而言，劳动教育引导其在劳动实践中体验生命存在的意义，在劳动体验过程中展现个人意志，在劳动成果分享中感悟自我价值的实现，使其在劳动中实现自由个性的全面发展。

二、劳动教育目标的内在矛盾：劳动与闲暇

劳动是价值的源泉，但并不意味着劳动者只是单纯劳动的工具和创造价值的机器。日出而作还得日落而息，人类既要劳动也要闲暇。随着社会历史条件的变化，特别是伴随社会生产力的提高，人类获得更多的闲暇时间，人类的理想追求也似乎越来越偏重于闲暇带来的自由。在社会历史发展进程中，闲暇是怎样产生的？闲暇衍生的真正的理想追求是什么？其与劳动是什么关系？这些都是劳动教育需要直接面对的。进一步而言，劳动教育目标定位需要直面劳动与闲暇之间的矛盾。

人类对闲暇的认知经历了漫长的历史过程。在社会生产极其低下的原始社会，劳动渗透到生活的每个角落，几乎是人类生活的全部，此阶段的劳动与闲暇是天然混合在一起的。随着人类生产能力的提高，剩余产品和私有制出现，闲暇才从劳动中分化出来。被称为"闲暇之父"的亚里士多德是闲暇理论的代表人物。亚里士多德没有明确直接提出闲暇的概念，而是将闲暇与幸福、闲暇与沉思结合起来论述。他认为，作为最高的善的幸福"包含着闲暇"，因为人最大的幸福在于沉思，闲暇是沉思的前提。而且，闲暇是劳作的目的，因为"闲暇是全部人生的唯一本原"。如果需要在劳作和闲暇中进行选择，亚里士多德选择闲暇。但"闲暇不是消遣"，消遣是一种休息，是生活的手段，闲暇是以实现自我为目的的理想。此外，奴隶不是公民，只能从事低贱的劳作，没有获得闲暇的条件，也不能享有闲暇的权利。与亚里士多德不同，马克思从实现全人类自由全面发展的角度论述了闲暇的意义，认为闲暇是发展自身的重要条件。"在共产主义社会里……随自己的兴趣今天干这事，明天干那事"。[1]在马克思看来，唯有闲暇，人才可能摆脱自然分工的束缚，实现全面发展。共产主义社会的理想状态是每个人都应该从事劳动，并共享闲暇。可见，马克思用一种发展的眼光看待闲暇，将闲暇与人的发展及社会的进步关联起来。闲暇不是物质享受，也不是无聊消遣，而是人走向自由而全面发展的必备条件。

但在一般意义上，特别是在私有制社会里，闲暇在实际生活中意味着劳动的休止，必然蕴含着休息和娱乐。闲暇产生本身就意味着劳动与闲暇的对立，是自由与强制、快乐与受苦分裂的表现。劳动是强制和受苦的，闲暇意味自由和快乐。因为在资本主义社会里，"劳动对工人来说是外在的东西"，"人们就会像逃避瘟疫那样逃避劳动"[2]。工人为了满足生存需求而被迫从事的劳动是异化的劳动，具有苦役的性质。故工人只有劳动，没有真正的闲暇。资产阶级则靠剥削工人阶级的剩余劳动进行"闲暇"。在资本主义社会里，劳动与闲暇是严重对立的存在，在很大程度上表现为无产阶级同资产阶级的斗争。

在社会主义中国，伴随社会生产力的高速发展，劳动与闲暇已然突破私有制条件下的截然对立，走向相互渗透、相互融合。在人工智能时

①马克思恩格斯文集：第1卷[M]．北京：人民出版社，2009：537．
②马克思恩格斯选集：第1卷[M]．北京：人民出版社，2012：54．

代，人们的闲暇时间将越来越多，但不意味着闲暇应该取代劳动。相反，人应立足劳动新形态，转变劳动方式，以新的劳动姿态融入时代的发展。因为劳动是人的类本质，人只有在劳动中才能不断"确证人的主体性和生命本质力量"①。随着社会生产力的提高，人类劳动从谋生劳动走向体面劳动和自由劳动，劳动成为人们生活的需要，劳动本身也就闲暇化了。反思教育的发展，我们所要关注的不是简单的劳动和闲暇，而是要回归人本身，重新审视劳动对于个体发展与生命本质的意义，这是历史发展的必然规律。

回顾新中国劳动教育的发展，对劳动与闲暇的认识一直影响着人们对劳动教育目标的判断。新中国成立后，特别是"文化大革命"时期，劳动被赋予强烈的政治功能，是无产阶级的代表，闲暇则是资产阶级腐化的象征。于是，社会以人是否从事体力劳动界定其阶级属性，造成脑力劳动与体力劳动、知识分子与工农群众的严重对立。持续放大的"造反"和"革命"甚至使劳动教育沦为阶级斗争的工具。过分夸大的体力劳动使人们谈"劳"色变，劳动教育事业受到严重破坏。因此，劳动教育要正视劳动与闲暇的矛盾，在追求劳动的同时，不能盲目摒弃闲暇。劳动教育反对的是享乐主义，而不是"人生活的乐趣"以及"人自由的选择"。进一步而言，劳动教育应该融入德智体美中，关切学生各方面的成长，以实现人的自由全面发展为宗旨，在学校教育中巧妙渗透劳动教育，潜移默化地培育学生积极的劳动观。

三、劳动教育目标的意识形态指向：培育马克思主义劳动观

劳动教育目标表明了我国意在"培养怎样的人、建构怎样的社会、传递怎样的知识"②。当前，世界正经历百年未有之大变局。开启全面建设社会主义现代化国家新征程，是新发展阶段面临的紧迫任务。"社会主义是干出来的，新时代也是干出来的"，实现这一宏伟蓝图需要的

①徐海娇.重构劳动教育的价值空间[J].中国教育学刊,2019(6):51-56.
②靳玉乐.课程论[M].北京:人民教育出版社,2015:291.

是数以亿计的劳动者"辛勤劳动、诚实劳动、创造性劳动",需要的是"尊重劳动、崇尚劳动、热爱劳动"的良好社会风气。但随着社会的快速发展,资本、技术、消费成为生产生活的核心,勤劳致富、勤俭持家的传统文化受到极大挑战,这些变化影响了当代人的劳动观念。尤为严重的是,各种富而不劳、劳而不富的现象冲击了青少年的世界观、人生观和价值观。部分青少年产生好逸恶劳、盲目消费、渴望不劳而获等不良心态。当一个社会的劳动价值被虚化、劳动伦理被消解、劳动观念不断扭曲、劳动意识日渐淡漠,这不仅与"劳动创造美好生活""幸福是奋斗出来的"等价值理念背道而驰,甚至阻碍了社会主义现代化的建设。为了培养一批又一批的社会主义劳动者和建设者,迫切需要提高马克思主义劳动观传播的实效性。马克思主义劳动观既为实现民族复兴指明了方向,也揭示了社会建设的主体力量,更是千千万万劳动者的奋斗指南。故培育马克思主义劳动观对于坚持和发展中国特色社会主义具有重要意义,而其重要途径就是强化劳动教育。新时代劳动教育"是中国特色社会主义教育制度的重要内容,是全面发展教育体系的重要组成部分""必须将马克思主义劳动观贯彻始终"①。

"必须将马克思主义劳动观贯彻始终"是社会主义劳动教育的基本属性。"教育与劳动实践相结合"是现代社会发展的客观规律,其超越社会政治经济制度,既存在于资本主义社会,也存在于社会主义社会。但其主要实践载体——劳动教育却是在特定的社会历史环境下进行的。受社会生产力和生产关系的影响,不同社会、不同时代赋予劳动教育以不同的意义和价值。如苏联将劳动教育视为为无产阶级服务的政治工具,带有明显的理想主义色彩。其以马克思主义"教育与生产劳动相结合"思想为指导,强调生产劳动除经济属性外,还承担着无产阶级政治教化的使命。劳动教育不仅要教给学生基本的生产知识和技能,还要使其养成无产阶级劳动观点和态度,树立无产阶级劳动观。如以美、日、德等

---

① 大中小学劳动教育指导纲要(试行)(教材〔2020〕4号)[EB/OL].(2020-07-07). http://www.gov.cn/zhengce/zhengceku/2020-07/15/content_5526949.html.

国为代表的资本主义国家，受西方自由主义思潮的影响，劳动教育的发展以实用主义为终极目标，具有明显的功利主义倾向。其认为，教育是社会生产中的一部分，劳动教育应关注劳动世界，传授有用的知识，使受教育者掌握生活和工作的技能。西方国家普遍存在的双轨制教育就强调学术型文科学校和职业型实科学校并存，成为社会经济发展的强大推动力。作为德智体美劳育人体系的重要组成部分，新时代劳动教育是每个学生都必须接受的强制性教育，不仅需要引导学生掌握基本的劳动知识和技能，养成相关劳动习惯和品质，更需要引导其树立科学的马克思主义劳动观。因此，不同于一般意义上的纯粹知识性或通识性教育活动，新时代劳动教育是国家进行国民教育的教育实践。从基本属性来看，劳动教育具有其他教育活动所普遍具备的科学规定性，又必须具备其他教育所不具备或者不显著的政治价值规定性。劳动教育应坚守意识形态本位，实现科学理性和政治理性相统一，传播和培育马克思主义劳动观。

新时代劳动教育应立足时代需要，强化马克思主义劳动观的时代培育。马克思主义劳动观是人类劳动学说史上的一座里程碑，贯穿马克思主义思想体系的始终。其不仅指马克思和恩格斯创立的关于劳动学说的基本理论和观点，也包括继承者对它的探索，即在革命实践中不断丰富发展的马克思主义劳动观。马克思和恩格斯以"劳动"揭示人类历史发展的真相，强调劳动不仅生产出物质生活资料，同时也生产出社会关系与人本身，是推动社会历史发展的根本力量。列宁继承和发展了马克思和恩格斯的劳动观，并在社会主义条件下实践马克思和恩格斯的构想。其强调发展生产、提高劳动生产率是社会主义发展的头等大事，并主张通过"教育和生产劳动的结合"来培养全面发展的社会主义建设者和管理者。中国共产党成立后，毛泽东尤其重视生产劳动的作用，指出"生产运动是有它的普遍性的……不但过去要，现在要，将来还是要……"①，并动员干部以普通劳动者的身份参加集体生产劳动，推进了马克思主义劳动观的中国化进程。改革开放以来，邓小平等党和国家领导人在新技术革命背景下发展劳动收入及分配制度，重视劳动者素质和能力的提高，保障劳动者权益，等等，进一步拓展了马克思主义劳动观的内涵。步入新时代，习近平总书记立足党情、国情和社情，形成一系列关于劳动的重要论述。其强调"人民创造历史，劳动开创未来，劳动是财富的源泉，也是幸福的源泉，要以劳动托起中国梦"，引导劳动人民通过"辛勤劳动、诚实劳动、创造性劳动"创造中华民族的光明未来……新时代，劳动教育应强化马克思主义劳动观的时代培育，重点引导青少年树立科学的劳动价值观、劳动主体观、劳动过程观、劳动权益观。

历史上，劳动教育曾被作为政治运动的工具，夸大其意识形态的意义；也曾被作为经济工具，学校被视为工厂；人们甚至将劳动教育视为教育惩戒的手段，把劳动视为"体力惩罚"。这些都忽视、窄化，甚至异化了劳动教育的价值，在历史发展中对个人和社会造成不同程度的影响。在此背景下，劳动教育以培育马克思主义劳动观为目标指向，有助于厘清劳动教育的本质和正视劳动教育的价值，关乎国家意识形态建设和社会的稳定发展。

第三节　劳动教育目标的时代定位

劳动教育不仅要引导学生掌握基本的劳动知识和技能，养成劳动习惯和品质，更需要引导其树立科学的劳动观。新时代劳动教育目标以促进学生的全面发展为目的，遵循培育马克思主义劳动观的意识形态指向，从引导青少年理解"为何劳动"、认同"何人劳动"、践行"如何劳

①毛泽东文集:第2卷[M].北京:人民出版社,1993:176.

动"、感悟"何以劳动"四个方面进行科学定位。劳动教育重点引导青少年理解"为何劳动",树立正确的劳动价值观;认同"何人劳动",树立正确的劳动主体观;践行"如何劳动",树立正确的劳动过程观;感悟"何以劳动",树立正确的劳动关系观。劳动教育各基本目标之间并非彼此独立,而是相互联系、相互制约,且具有很强的动态性。在不同的学段,劳动教育目标需要依据学生的认知特点来编制,其侧重点是不同的。

一、理解"为何劳动"——树立正确的劳动价值观

劳动价值观是马克思主义的基本观点,马克思和恩格斯在经济学和人类学两个视域中阐述了相关内容。在经济学视域里,劳动创造商品价值,是社会财富的源泉。马克思认为,商品是社会财富的外在表现形式,研究资本主义经济应从商品入手。在分析商品的二重性(使用价值和价值)时,马克思挖掘了劳动的二重性——具体劳动和抽象劳动。什么样的劳动形成价值?针对这个问题,马克思强调,不同形式的具体劳动生产商品的使用价值,但商品的价值由抽象劳动决定,抽象劳动是凝结在商品中无差别的人类劳动。不同商品进行交换的前提是因为商品的价值量不同,这种价值量是由生产商品的社会必要劳动时间决定的。在人类学视域中,马克思和恩格斯从唯物史观的角度分析"劳动创造了人本身"。人类通过劳动,可以再现并支配任何一种物质运动形式。劳动因之成了最为复杂、最为精巧的物质运动,而人因之成了最有潜力、最善发展的生命机体。人类的生存环境是个不断扩大、不断深化的开放系统。人类在劳动中不断优化同自然界物质交换、能量交换和信息交换的关系,逐步完成自身生命过程有序化,即实现人生目的。概括说来,劳动所形成的主客体关系包括人与自然、人与社会、人与自身三个层次。

马克思和恩格斯的劳动价值观在中国得到继承和发展。新中国成立后,在社会主义制度下,我国强调人民当家作主,确立人民的劳动价值主体地位,形成以集体本位为主导的劳动价值取向,崇尚劳动模范,弘

扬劳动精神。步入新时代，习近平总书记全面论述了新时代的劳动价值观。习近平总书记强调劳动创造人生价值，"只有奋斗的人生才称得上幸福的人生"①"一切劳动者，只要肯学肯干肯钻研……就都能在劳动中发现广阔的天地，在劳动中体现价值、展现风采、感受快乐"②。习近平总书记强调劳动创造人类文明，"劳动是推动人类社会进步的根本力量"③，中华民族是勤于劳动、善于创造的民族，在劳动创造中造就了辉煌的历史，也将开创美好的未来。习近平总书记强调劳动托起中国梦，伟大事业"始于梦想""基于创新""成于实干"④，"社会主义是干出来的"要尊重劳动者，依靠人民，造福人民。习近平总书记强调"劳动是共产党人保持政治本色的途径"，中国共产党党员必须投身到具体的劳动实践活动中。

引导学生理解"为何劳动"是劳动教育的首要目标，也是劳动教育的起点。学生只有知道劳动的价值，才能全身心投入劳动实践中，并在劳动实践中实现劳动价值。随着社会的快速发展，资本、技术、消费成为生产生活的核心，勤劳致富、勤俭持家的传统文化受到极大的挑战，这些变化影响了当代人的劳动观念。尤为严重的是，各种富而不劳、劳而不富的现象冲击了青少年的世界观、人生观和价值观，使得部分青少年养成好逸恶劳、盲目消费、坐享其成的不良观念。因此，劳动教育要引导学生树立正确的劳动价值观。其主要体现在理解劳动成就人的价值、劳动托起中国梦、劳动创造人类文明、劳动是共产党人保持政治本色的途径等维度中，具体如表2-2所示。

---

①习近平在中共中央国务院2018年春节团拜会上的讲话[EB/OL]. (2018-02-14). http://news. 12371.cn/2018/04/30/ARTI1525043313556161.html

②习近平在庆祝五一国际劳动节暨表彰全国劳动模范和先进工作者大会上的讲话[EB/OL]. (2015-04-28). http://news. 12371. cn/2018/04/30/ARTI1525043313556161.html

③习近平. 在同全国劳动模范代表座谈时的讲话[N]. 人民日报,2013-04-29(02).

④习近平. 国家主席习近平发表二〇一九年新年贺词[J]. 党建,2019(1):1,33.

表2-2　劳动教育目标（树立正确的劳动价值观）

目标导向	核心目标	具体目标		
理解"为何劳动"	树立正确的劳动价值观	目标1	理解"劳动成就人的价值"	认识到劳动创造了人本身； 认识到劳动助力人的全面发展； 认识到劳动助力人生价值的实现； 认识到劳动是幸福之源； ……
		目标2	理解"劳动托起中国梦"	认识到劳动是实现国家富强的必备法宝； 认识到劳动是实现民族振兴的必要手段； 认识到劳动是实现人民幸福的必选方式； 认识到劳动是破解现实难题的主要途径； ……
		目标3	理解"劳动创造人类文明"	认识到劳动是推动人类文明发展的不竭动力； 认识到劳动是创造人类文明成果的主要依托； 认识到劳动是保障人类文明传承的可靠抓手； ……
		目标4	理解"劳动是共产党人保持政治本色的途径"	认识到共产党员必须投身到具体的劳动实践活动中； 认识到共产党员想群众之所想，急群众之所急； 认识到参与实践劳动锻炼对于党风廉政建设具有重要的作用； ……

二、认同"何人劳动"——树立正确的劳动主体观

"人民"是马克思主义理论体系的核心概念。纵观马克思主义原理，其归根到底是站在人民的立场寻求人类的解放，以建立"自由人联合体"为理想目标。人民群众是历史的创造者，是推动社会历史发展的根本力量。一方面，人民群众创造了物质财富和精神财富。"无论不从事生产的社会上层发生什么变化，没有一个生产者阶级，社会就不能生存"。[①]无论是农业社会、工业社会，还是信息社会，人民群众在劳动中创造和积累了物质生存资料，使人类社会得以延续和发展。在人类社会的发展进程中，人民群众在生产实践中创造了精神财富，推动了社会文明的发展。马克思强调，"劳动创造了宫殿……劳动创造了美"[②]。人民

---

①马克思恩格斯全集：第19卷[M].北京：人民出版社，1963.

②马克思恩格斯全集：第42卷[M].北京：人民出版社，1979：93.

群众精神财富的创造源于生产实践的需要，又反过来促进社会生产实践的发展。另一方面，人民群众是社会历史进步的推动者。在时代的更迭中，阶级矛盾从未消失，阶级斗争司空见惯。但无论历史怎样演变，人民群众始终是历史发展的主体。无产阶级的优越性在于它始终代表广大人民群众的根本利益，而广大人民群众的合力是推翻资产阶级统治的核心力量。

步入新时代，以习近平同志为核心的党中央始终坚持"人民群众是历史创造者"的历史唯物主义基本观点，形成"以人民为中心"的劳动主体思想，提出中华民族伟大复兴"必须紧紧依靠人民、始终为了人民"[①]。一是强调"普通劳动群众的作用"，无论是科学家、工程师、大国工匠……还是环卫工人、快递小哥、出租车司机……千千万万的劳动者都是社会主义的建设者和参与者，都应获得社会的尊重。二是强调知识分子是工人阶级的一部分。广大知识分子"能够提供十分重要的人才支撑、智力支撑、创新支撑"[②]，"包括广大知识分子在内的我国工人阶级是改革开放和社会主义现代化建设的主力军"[③]。三是在全社会宣扬"劳模精神""敬业精神"和"工匠精神"。社会应弘扬以爱岗敬业、艰苦奋斗、勇于创新、甘于奉献为主要特征的劳模精神和工匠精神，强化劳模的引领力，厚植工匠文化，培育更多"中国工匠"。

"青年是中国特色社会主义事业接班人，是国家的未来和民族的希望"。[④]劳动教育应引导青少年树立正确的劳动主体观，认同"普通劳动群众的作用"，尊重社会主义的建设者和参与者；了解"劳动群众的基本权益"；弘扬"劳模精神""敬业精神"和"工匠精神"。具体如表2-3所示。其中，劳动教育应着重引导青少年弘扬和践行"劳模精神"和"工匠精神"。

---

①习近平.在同全国劳动模范代表座谈时的讲话[N].人民日报,2013-04-29(02).

②习近平.在知识分子、劳动模范、青年代表座谈会上的讲话[N].人民日报,2016-04-30(02).

③习近平.习近平在乌鲁木齐接见劳动模范和先进工作者、先进人物代表向全国广大劳动者致以"五一"节问候[N].人民日报,2014-05-01(01).

④习近平.在知识分子、劳动模范、青年代表座谈会上的讲话[N].人民日报,2016-04-30(02).

表2-3　劳动教育目标（树立正确的劳动主体观）

目标导向	核心目标	具体目标	
认同"何人劳动"	尊重劳动群众的主体地位	目标1　认同"普通劳动群众的作用"	尊重普通劳动者； 认识到劳动人民是国家的主人； 认识到劳动职业的平等性； 理解"知识分子是工人阶级的一部分"； 感悟"劳动者光荣、劳动者美丽、劳动者伟大"； ……
		目标2　弘扬"敬业精神"	认识到敬业是一种人生道德； 树立正确的职业价值观； 树立高远志向，历练敢于担当、不懈奋斗的精神； ……
		目标3　弘扬"劳模精神"	认识到"劳动模范是民族的精英、人民的楷模"； 学习"干一行、爱一行，专一行、精一行"的"劳模精神"； 激励自己以劳模为榜样，向劳模学习；
认同"何人劳动"	尊重劳动群众的主体地位	目标4　弘扬"工匠精神"	了解大国工匠的事迹； 把握"工匠精神"的时代内涵； 践行新时代"工匠精神"； ……
		目标5　了解"劳动群众的基本权益"	理解劳动人民对美好生活的向往； 掌握职工依法表达利益诉求的途径； 认识工会的职能和使命； 了解市场就业导向和现状； ……

　　引导学生弘扬和践行"劳模精神"。"劳模精神"反映了特定时代的价值取向，代表着一个社会的人文精神和道德观念，展示了中华民族的崇高品格和精神风貌。在不同的社会历史条件下，每一个时代的"劳模精神"都有其特定的时代特点。但无论社会怎么发展变化，"劳模精神"的本质内涵是相通的，如强烈的主人翁意识、忘我的辛勤劳动、良好的职业道德等。步入新时代，习近平总书记阐释了"劳动精神"的时代内涵，即"爱岗敬业、争创一流，艰苦奋斗、勇于创新，淡泊名利、甘于奉献"，并强调"劳模精神"丰富了民族精神和时代精神，是宝贵的精神财富[①]。一代人有一代人的使命，新时代的青少年应积极弘扬和践行"劳动精神"。青少年既要学习劳模身上闪耀的信仰光彩，把人生理想与人民的利益紧密联系在一起，在

①习近平.在同全国劳动模范代表座谈时的讲话[N].人民日报,2013-04-29(02).

艰苦奋斗和无私奉献中实现自我的个体价值和社会价值；又要学习劳模实干苦干的劲头，坚守"爱岗敬业"的本分，筑立"争创一流"的追求，树立"艰苦奋斗"的作风，担负"勇于创新"的使命，修炼"淡泊名利"的境界，养成"甘于奉献"的修为，向劳模看齐。

引导学生弘扬和践行"工匠精神"。中国港珠澳大桥、北盘江特大桥、塔克拉玛干沙漠公路、贵州"天眼"等世界级工程的建成，折射了我国日益增强的综合国力，也呈现了中华民族源远流长的"工匠精神"。中国的"工匠文化"历史悠久，"工匠精神"影响深远，其主要体现在工匠自身的职业素养上。对于一名工匠而言，不仅要有高超的技艺，还要拥有崇高的德行，才能做到德才兼备。在现代，工匠精神的内涵不断丰富，是社会主义劳动精神的重要组成部分。其主要强调职业精神，是从业者的一种职业价值取向和行为规范，如敬业、精益、专注、创新等。不管是传统手工工匠，还是当代"机械工匠""数字工匠"，他们都是人类物质与精神文明的缔造者，也是"工匠精神"最直接的代表。因此，劳动教育应引导青少年传承"工匠精神"的精髓，塑造"工匠精神"的风骨，以"工匠精神"塑造自身的民族性格和精神风貌。

三、践行"如何劳动"——树立正确的劳动过程观

劳动教育重在引导学生身体力行，出力流汗。而且，劳动固然重要，但更重要的是学生以什么样的态度和方式去劳动。劳动教育应通过多种形式引导青少年树立正确的劳动过程观，使其在认知上了解幸福劳动的理想状态，在理念上形成"尊重劳动、崇尚劳动、热爱劳动"的劳动态度，在行动上践行"辛勤劳动、诚实劳动、创造性劳动"的劳动精神。具体如表2-4所示。

表2-4　劳动教育目标（树立正确的劳动过程观）

目标导向	核心目标	具体目标		
领悟"如何劳动"	培育积极的劳动精神	目标1	认知上——了解幸福劳动的理想状态	了解人类社会经历的劳动形态：从奴役劳动到谋生劳动，再从谋生劳动向体面劳动的转化，最后走向未来的自由劳动； 感悟新时代倡导的"幸福劳动"，理解习近平总书记强调的"劳动是财富的源泉，也是幸福的源泉""幸福是奋斗出来的"； ……
		目标2	理念上——尊重劳动、崇尚劳动、热爱劳动	认识劳动价值，充分尊重劳动，焕发劳动热情和创造激情； 崇尚劳动，使劳动最光荣、劳动最崇高、劳动最伟大、劳动最美丽蔚然成风； 继承和发扬热爱劳动的优良传统美德，摒弃鄙夷劳动、歧视劳动者的错误认知； ……
		目标3	行动上——践行"辛勤劳动、诚实劳动、创造性劳动"	树立实干兴邦的劳动观念，摒弃好逸恶劳、渴望不劳而获、盲目消费等错误观念和行为，做新时代的奋斗者； 理解诚实劳动的重要性，树立诚实劳动的道德理念，深化个体对"劳动与资本""劳动者的权益""劳动法"等内容的认识； 认识劳动新形态，把握数字革命时代对劳动者提出的新要求，提升自身的核心劳动素养，如劳动精神、劳动技能、劳动习惯、劳动思维等，敢闯敢试、勇于突破、开拓创新，为成为引领时代创新的劳动者做准备； ……

　　引导学生辛勤劳动。辛勤劳动是劳动者的基本态度。中国特色社会主义迈进新时代，社会的主要矛盾已经由"人民日益增长的物质文化需要同落后的社会生产之间的矛盾"转变为"人民日益增长的美好生活需要和不平衡不充分的发展之间的矛盾"。而无论是"物质文化需要"还是"美好生活需要"，都需要每一个劳动者以"辛勤劳动"来获取。"民生在勤，勤则不匮"。随着社会的发展、科技的进步以及生活水平的提高，资本、知识、技术、信息在生产生活中的力量不断凸显，人们的劳动观念发生了很大变化。部分青少年受到社会风气的影响，对劳动的理解也有失偏颇，青少年群体中出现好逸恶劳、渴望不劳而获、盲目消费、商品拜物教等现象。为了应对这些问题，劳动教育应着重引导个体树立正确的劳动观。一方面，基于马克思的劳动价值理论，帮助青年理解劳动是财富的源泉，认可按劳分配原则，摒弃好逸恶劳、不劳而获等

不良思想。另一方面，站在人类社会历史发展的宏观高度以及个体成长成才的微观视角，帮助青年理解劳动在推动历史发展和帮助个体圆梦上所发挥的重要作用，从而尊重劳动、辛勤劳动、创造性劳动。

引导学生诚实劳动。诚实劳动是劳动者的内在道德要求。在中国传统文化中，"君子爱财，取之有道""富与贵，是人之所欲也，不以其道得之"。这些名言警句体现的是古人的财富理念和伦理规范——君子应以"道"获"利"。步入新时代，在全球化、信息化、网络化的市场经济环境中，在物质主义与利己主义涌现的社会背景下，以"道"获"利"的伦理规范正在接受时代的拷问。当前，投机取巧、损人利己、违法致富等现象频出，炫富和暴富的心态玷污了社会风气。在这个背景下，诚实劳动的理念和规范是新时代必须倡导和落实的。何为新时代的诚实劳动？在本质上，诚实劳动强调的是劳动者积极实干，而不是投机取巧。其表现在社会关系上，即要求坚守公平正义，反对损公肥私、损人利己。在经济形态上，诚实劳动反对资本欺诈，反对违法乱纪。特别是在虚拟经济时代，反对网络诈骗。在人与自然的关系上，诚实劳动要求绿色发展，不以牺牲生态为代价换取经济发展。在社会文化培育上，诚实劳动意在实现"人人为我，我为人人"的文化形态，使每一个劳动者都具备劳动自觉和劳动获得感。塑造诚实劳动的社会风气是时代赋予劳动教育的重任。劳动教育应引导学生诚实劳动，帮助其理解诚实劳动的重要性，引导其树立诚实劳动的道德理念，深化其对"劳动与资本""劳动者的权益""劳动法"等内容的认识。

引导学生创造性劳动。在马克思看来，把人类劳动分为简单重复劳动和创造性劳动，后者是人脱离动物的根本力量。因为创造性劳动使人类不断超越奴役劳动和谋生劳动，走向体面劳动和自由劳动，是解放生产力、发展生产力的客观要求，是人类社会历史发展的必然。新时代，科技发展和产业变革使生产力要素发生了质变，大数据、人工智能、物联网、量子科技等不断影响着劳动者的生产生活，为创造性劳动的发展提供了史无前例的基础。相对于传统的简单重复劳动，创造性劳动在时代发展中扮演越来越重要的角色。为此，《中共中央国务院关于全面加强新时代大中小学劳动教育的意见》重点强调劳动教育要"适应科技发展和产业变革，针对劳动新形态，注重新兴技术支撑和社会服务新变化"[①]。在社会的劳动时间、劳动工具、劳动形式等都发生革命性变化的背景下，利用时代机遇锻炼青年一代的创新能力是劳动教育的重要使命。一方面，要立足于数字革命时代对劳动者提出的新要求，构建青年一代的核心劳动素养，其中涉及劳动精神、劳动技能、劳动习惯、劳动思维等内容。另一方面，要以实现社会和经济的可持续发展为价值目标，整合多领域知识与技能，将人工智能、数字技术、劳动规范、职业实践、经济发展规律等相关内容纳入劳动课程中，引导青年实现知识的融会贯通，为实践创造性劳动做好充分准备。

四、感悟"何以劳动"——树立正确的劳动关系观

马克思劳动关系理论是马克思主义理论的重要组成部分，其永恒的主题是劳动与资本的关系。在机器大生产背景下，马克思在分析自由市场经济的基础上，研究了私有制中资本家与工人之间的关系，构建了独特的劳动关系理论。马克思认为，资本主义社会劳资关系以雇佣劳动的形式出现，雇佣劳动者是价值的创造者，却在异化劳动中无法获得劳动权利。这一矛盾关系意味着资本主义劳资关系的实质是统治与被统治、剥削与被剥削的关系。雇主财富的积累和雇佣劳动者贫困的积累引发频繁的劳资冲突和劳工运动。出于劳资合作的需要，资产阶级不断修改劳动法，不断协调劳动关系，劳动关系经历破坏、修复、重建的历史周期。私有制基础上的劳资关系矛盾将始终贯穿资本主义的发展。解决资本主义劳资冲突的根本途径是消灭雇佣劳动、消灭私有制。

1956年，三大改造完成后，我国消灭了私有制、消灭了剥削制度。故当代中国的劳动关系与资本主义剥削与被剥削的劳动关系存在根本的

---

①中共中央 国务院关于全面加强新时代大中小学劳动教育的意见[N]. 光明日报，2020-03-27(01).

差异。与此同时，我国的劳动关系与计划经济体制下的劳动关系不同，也与马克思设想的未来的劳动关系有所差异。改革开放后，我国发展社会主义市场经济，实行"按劳分配为主体、多种分配方式并存"的分配制，集体经济、个体经济、私营经济、外资经济、混合所有制经济等所有制结构形式并存。在此背景下，劳动者与生产资料存在多种结合样式，如个体劳动、雇佣劳动和局部范围内的联合劳动等。在社会主义市场经济中，商品货币关系不断发展，资本和劳动仍存在分离现象，雇佣劳动关系仍然是重要的经济发展基础。在探索社会主义市场经济的初期，很多人拒谈劳资矛盾和冲突，又或以阶级斗争理论解释劳动关系矛盾，这显然是不符合社会历史发展规律的。面对社会主义初级阶段的具体情况，我们必须拓展以取消雇佣劳动的阶级斗争解决劳资冲突的马克思劳动关系理论。

为了推动中国劳动关系的健康发展，构建合理的中国劳动关系制度，我们应积极挖掘劳动和资本平等合作、互利共赢、和谐发展的可能性，充分体现社会主义制度的优越性。2006年，党的十六届六中全会提出"发展和谐劳动关系"的重大论断，这是马克思劳动关系理论中国化的合理拓展。步入新时代，以习近平同志为核心的党中央多次强调构建中国特色社会主义和谐劳动关系，以有效预防和化解劳动关系矛盾。其强调发挥党政、群团、企业、社会等各方力量，"完善政府、工会、企业共同参与的协商协调机制，构建和谐劳动关系"①。马克思劳动关系理论在新时代得到进一步的科学发展。

"劳动关系是生产关系的重要组成部分，是最基本、最重要的社会关系之一。"②青少年是未来参与生产劳动的主力军，是劳动关系的主要参与者。劳动教育的重要目标之一就是引导学生感悟在社会主义条件下"何以劳动"，树立正确的劳动权益观。劳动教育既要引导学生把握马克

---

① 习近平. 决胜全面建成小康社会夺取新时代中国特色社会主义伟大胜利：在中国共产党第十九次全国代表大会上的报告[M]. 北京：人民出版社，2017：46.

② 全国构建和谐劳动关系先进表彰暨经验交流会在京举行习近平会见与会代表并讲话[J]. 思想政治工作研究，2011(9)：4-5.

思劳动关系理论的精髓，认识中国特色社会主义和谐劳动关系的要义，更要引导学生学习《劳动法》《劳动合同法》以及其他劳动法律法规，为积极承担劳动责任做好准备。具体如表2-5所示。

表2-5　劳动教育目标（树立正确的劳动权益观）

目标导向	核心目标	具体目标		
理解"何以劳动"	增强和谐劳动关系意识	目标1	认识劳动关系	学习马克思劳动关系理论； 明确劳动关系在整个社会系统中的地位； 掌握劳动关系的基本内涵、性质和本质； 认识劳企双方的权责利； ……
		目标2	认识中国特色和谐劳动关系	理解构建中国特色和谐劳动关系的重大意义、指导思想、基本原则、目标任务和政策措施； 掌握政府、工会和企业组织在劳动关系处理中的作用； 了解我国和谐劳动关系宏观治理中的法律法规； ……
		目标3	为积极承担劳动责任做好准备	从社会分工的角度正确认识劳企双方的相互依存关系，今后无论作为劳方还是企业方，都能在合法维护自身权益的同时积极承担劳动责任； 了解求职或创业过程中涉及的劳动关系及其处理方案； 学习《劳动法》《劳动合同法》以及其他劳动法律法规； 把握劳动合同的签订、履行与变更，以及劳动合同的解除、终止与续订； ……

第三章　新时代劳动教育的内容构建

劳动教育内容是教育者针对教育对象的实际状况选择设计后有组织、有目的、有计划地输送给教育对象的劳动教育信息，是由相互联系、相互作用的多种要素组成的结构性存在。它是劳动教育目标的直接反映，是劳动教育系统的基本要素。受特定社会历史条件的影响，劳动教育内容复杂多样。故对劳动教育内容进行选择、组织和优化，形成清晰的具有层次性的结构体系，使其适应新时代劳动教育的改革要求，是推动劳动教育科学化的重要举措，也是马克思主义劳动观培育时代化的必然要求。

第一节　劳动教育内容的选择

劳动教育内容是一个庞大的系统，涉及方方面面的内容。由于学生接受学校教育的时间有限以及科学知识更新速度的加快，劳动教育不可能把所有的劳动知识和技能都教给学生。这样，劳动教育内容的选择就成为劳动教育发展过程中需要面对的重大课题。教育内容选择是根据特定的教育价值观及相应的课程目标，从学科知识、当代社会生活经验或学习者的经验中选择课程要素的过程。在劳动教育内容选择过程中，设计者需立足人的全面发展，根据教育价值观以及教育目标的要求，对教育内容中包含的原理、技能、方法以及价值观等作出合理的抉择，实现合目的性与合规律性的有机统一。

一、劳动教育内容选择的取向："工具取向"与"人本取向"

劳动教育是在特定的社会历史环境下进行的教育实践活动。受社会生产力和生产关系的影响，不同社会、不同时代赋予劳动教育以不同的意义和价值。新中国成立以来，劳动教育在跌宕起伏中发展。特定时空中的社会价值取向既作用于劳动教育目标，也影响了劳动教育内容的选择。新时代以前，劳动教育内容的选择主要出于"工具取向"，以满足政治运动需要、生产建设需要、经济发展需要为主。由于缺乏对人本身的关注，其很少基于"人本取向"选择教育内容。

劳动教育内容选择的"工具取向"主要关注劳动的工具价值，忽视劳动对人本身的作用，以满足外在的政治形势需要、经济建设需要或社会发展需要为核心目的。新中国成立后，"工具取向"影响着劳动教育的发展，其体现在以下各个阶段中。其一，新中国成立初期，面对严峻的毕业生的就业和升学问题，劳动教育内容以学习基本生产知识和技能为主。一系列具有生产技术教育性质的课程出现在中小学课程体系中，如手工劳动课、农业常识课、制图课、工农业基础知识课等。中学还开展实习课，初中主要在工厂和实验园地实习，高中主要进行农业实习、机械学实习和电工实习。其二，三大改造完成后，劳动教育主要为无产阶级政治服务，其内容以参加生产劳动为主。为了达到培养"有社会主义觉悟的有文化的劳动者"的教育目的，学校均把生产劳动列为正式课程。学校开设"生产知识课"，推进"勤工俭学"，组织"上山下乡"，提倡"一边劳动，一边学习"，以培养"又红又专"的社会主义劳动者。

"文化大革命"期间，劳动教育被赋予了强烈的政治功能，"劳动"成为一切教育的中心，并取代一切教育。"以干代学""开门办学""上山下乡"等活动轰轰烈烈地开展。其三，改革开放后，在劳动技术观的影响下，劳动教育主要为"四化"培养建设人才，其内容以学习科学技术为主。在这一时期，学校全面开设劳动技术课。小学阶段主要设置劳动课，强调"通过自我服务劳动、家务劳动、公益劳动和简单的生产劳动的教育和实践"使学生逐步养成劳动习惯。中学阶段设置了农基课，初中主要讲授"作物栽培、动物饲养的基础知识"，高中则侧重"农业科研的一些初步知识"。

反思劳动教育内容选择的"工具取向"，既有合理之处，也存在很多弊端。一方面，劳动教育内容的"工具取向"推动了社会的发展。劳动教育受社会历史条件的影响，在特定的历史时期，为了促进社会发展，必须无限放大其工具价值，以满足政治形势需要、经济建设需要或社会发展需要。事实上，劳动教育确实发挥了促进社会发展的功能。新中国成立后，劳动教育为社会培养了一些基础劳动技能人才，在很大程度上解决了严峻的毕业生的就业和升学问题。引导青年挥锄头、舞镰刀，使其锻炼了自身吃苦耐劳的劳动精神，树立了奋发进取的人生信念，提高了关注民族命运的政治品格，为新中国的发展培育了一大批社会主义建设者和接班人。改革开放新时期，劳动教育主要强化学生的科学创新意识，培养了大批符合"四化"建设的人才。另一方面，劳动教育内容的"工具取向"具有许多历史局限性。新中国成立后，特别是"文化大革命"期间，在"左"的思想影响下，劳动教育过于政治化，成为阶级斗争的工具。劳动教育被作为政治运动来推进，造成知识分子与工农群众、脑力劳动与体力劳动、学习与劳动的严重对立，这严重破坏了劳动教育的客观规律。改革开放后，劳动教育在劳动技术观指导下进行全面重建。但是，劳动技术观理念下的劳动教育被窄化为学习生产技能的载体，偏离了劳动教育的育人本质。其过度强调"技术"，"技术"挤压"劳动"，甚至代替"劳动"，劳动教育成为谋求功利的工具。而且，过度强调"技术"，容易陷入犹太左翼社会思想家马尔库塞所言的"发达的物质文明里单向度的人"，与劳动教育培育全面发展的人的目标是背道而驰的。

劳动教育内容选择的"人本取向"主要关注人本身的发展，以满足劳动过程中人之为人的内在需求为核心目的。步入新时代，伴随知识经济的到来，教育进入新一轮改革。2014年，教育部提出构建"各学段学生发展核心素养体系"[①]。学生的核心素养指学生应具备的必备品格和关键能力，其是个体应具有的基础素养，是知识、能力和价值观的综合表现。以发展学生核心素养为目的的教育改革直接影响了劳动教育的发展。2020年，教育部印发的《大中小学劳动教育指导纲要（试行）》强调全面提高学生的劳动素养，包括劳动能力的提升、劳动精神的培育、劳动习惯和品质的养成等。总的来说，改革开放前劳动教育带有浓厚的政治色彩，改革开放新时期劳动教育偏向"技术化"，新时代劳动教育在劳动幸福观的理念下以促进人本身的发展为目的。新时代劳动教育不仅重视培养学生的劳动知识与技能，更重视学生劳动习惯与品质的养成，旨在全面提升学生的劳动素养，引导其树立科学的马克思主义劳动观。

劳动教育内容选择的"工具取向"和"人本取向"不是相互对立、相互排斥的关系，而是根与枝的关系。促进人本身的发展是劳动教育的"根"，具体的劳动行为是"枝"。两者密不可分，共同作用于劳动教育内容的选择。只是在不同时期，依据特定的社会历史条件和社会发展需要，劳动教育内容或重"工具取向"，或重"人本取向"。随着社会的不断发展，尤其是市场经济体制的发展和完善，科学技术发展的日新月异，新时代劳动教育内容的选择应把人放在突出位置，从物质性的、技

---

①关于全面深化课程改革落实立德树人根本任务的意见（教基二〔2014〕4号）[EB/OL]. 2014-04-08). http://www. moe. gov. cn/srcsite/A26/jcj_kcjcgh/201404/t20140408_167226.html.

术性的功利追求开始有意识地向人的本性回归，重视人的自由个性的发展。只有高扬人这一主题，把人性的回归视为劳动教育的内核，才能毫不动摇地坚持劳动教育的育人本质。

二、劳动教育内容选择的原则：合目的性与合规律性有机统一

劳动教育内容的选择须符合既定的教育目标，为实现既定的目标服务，做到合目的性。但社会历史发展条件、青少年的认知和接受特点、学生的知识结构等又制约着劳动教育内容的建构，故劳动教育内容的选择又须遵循一定的教育规律，做到合规律性。实现合目的性与合规律性的有机统一，是劳动教育选择的基本原则。

符合"促进人的全面发展"的主要目的。在知识经济时代，科学技术发展日新月异，不断重塑着人类的生产生活世界。随着人工智能革命的推进，人类不断从体力劳动中解放出来。在网络化、数字化、智能化的信息时代，人类的思维方式和行为习惯不断变化。劳动教育内容的选择应指向新时代学生的全面发展，引导学生在处理人与自然的关系中实现劳动能力的全面发展，在处理人与社会的关系中实现社会关系的全面发展，在处理人与自身发展的关系中实现自由个性的全面发展。其一，针对"十指不沾阳春水"的青少年劳动意识淡薄、基本生活自理能力缺失以及令人担忧的健康状况等，劳动教育内容应注重"手脑并用"，促进学生体力与智力的发展，使学生在劳动中实现劳动能力的全面提升。其二，针对在网络信息空间中虚拟社会化成长起来的青少年存在社会交往缺失的问题，劳动教育内容应着重引导学生进入真实的劳动世界，为其提供社会交往的平台，使其在劳动中学会沟通协作，创建良好的社会关系。其三，针对禁锢于学校"铜墙铁壁"中的青少年个性压抑、思维固化等问题，劳动教育内容重在引导学生在劳动实践中体验自我生命存在的价值和乐趣，在劳动过程体验中展现个人意志，在劳动成果分享中感悟自我价值的实现，使学生在劳动中实现自由个性的全面发展。

符合"培育马克思主义劳动观"的意识形态指向。不同于一般意义上的纯粹知识性或通识性教育活动，劳动教育是国家进行国民教育的专门化的教育实践。从基本属性来看，劳动教育具有其他教育活动所普遍具备的科学规定性，又必须具备其他教育所不具备或者不显著的政治价值规定性，"必须将马克思主义劳动观贯彻始终"[①]。作为德智体美劳育人体系的重要组成部分，劳动教育是每个学生都必须接受的强制性教育，不仅需要引导学生掌握基本的劳动知识和技能，养成相关的劳动习惯和品质，更需要引导其树立科学的马克思主义劳动观。劳动教育内容的定位应坚守意识形态本位，坚守科学理性和政治理性，传播和培育马克思主义劳动观。针对当前劳动价值被虚化、劳动伦理被消解、劳动观念不断扭曲、劳动意识日渐淡漠的现象，劳动教育应向学生传播和培育正确的劳动价值观、劳动主体观、劳动过程观和劳动关系观。

立足新时代劳动新形态和学生新特点。步入新时代，劳动形态不断迭代和更替，劳动者、劳动工具、劳动对象等都伴随社会的发展而发生了根本变化。当前，劳动与科学技术的联系日益紧密，体力劳动与脑力劳动走向深度融合，出现了数字劳动、智能劳动、公益劳动、服务产业劳动等新形态。而且，在"奴役劳动—谋生劳动—体面劳动—自由劳动"的人类劳动演进趋势中，我国逐步从"谋生劳动"过渡到"体面劳动"。习近平总书记提出"努力让劳动者实现体面劳动、全面发展"[②]，彰显了新时代劳动要"超越了纯粹谋生的范畴，将劳动与自我实现、人生价值、主体选择性与快乐生活等紧密联系起来"[③]。新时代劳动形态的变化深刻影响着劳动教育的发展，劳动教育内容应"适应科技发展和

①大中小学劳动教育指导纲要(试行)(教材〔2020〕4号)[EB/OL].(2020-07-07)http://www.gov.cn/zhengce/zhengceku/2020-07/15/content_5526949.html.

②习近平.在庆祝五一国际劳动节暨表彰全国劳动模范和先进工作者大会上的讲话[N].人民日报,2015-04-29(02).

③何云峰.从体面劳动走向自由劳动:对中国"劳动"之变的再探讨[J].探索与争鸣,2015(12):53-58.

产业变革，针对劳动新形态，注重新兴技术支撑和社会服务新变化"①。对于身处信息化、全球化、网络化的青少年群体而言，其社会化过程表现出时代的特殊性。他们在网络信息空间中实现虚拟社会化成长，在反哺文化环境里突破"长—幼"文化传递模式，经历反向社会化成长。他们在思想认知上呈现包容开放的价值观和思想方式；在行为生活上，好逸恶劳、渴望不劳而获、盲目消费、商品拜物教等现象出现。为了培养一批又一批的社会主义劳动者和建设者，劳动教育内容的选择应该针对当前学生的特点，进行有针对性的规划。

遵循学生的认知规律和接受特点。在不同的年龄阶段，学生的认知规律和接受特点是不一样的，劳动教育内容的选择应综合考虑学生的年龄特征、认知规律和接受特点。根据学段的变化，选择不同的劳动教育内容，各有侧重又相互衔接。一般而言，小学劳动教育重在塑造劳动习惯，发展生活自理能力，强调引导学生爱护个人卫生，处理个人基本的生活问题，分担一些简单的家务，适当参加社会公益劳动，等等；中学劳动教育重在强化劳动能力，培养自立品质，强调引导学生学习基本的劳动知识和技能，适当参加生产劳动，参与社区服务等；大学劳动教育重在陶冶劳动情操，铸就自强意志，强调引导学生参与实习实训、社会实践、勤工助学等。而且，针对不同阶段的学生特点，劳动教育内容的选择要坚持"思想引领、有机融入、实际体验、适当适度"②。

三、劳动教育内容选择的主题：立足新时代学生的劳动素养

劳动教育内容是劳动教育的载体，是判断一个时代劳动教育发展阶段性特征的重要指标。改革开放前，受"教育必须为无产阶级政治服务，必须与生产劳动相结合。劳动人民要知识化，知识分子要劳动化"的指导理念的影响，劳动教育内容曾一度受政治化的影响，服务于政治

①中共中央 国务院关于全面加强新时代大中小学劳动教育的意见[N]. 光明日报，2020-03-27(1).
②中共中央 国务院关于全面加强新时代大中小学劳动教育的意见[N]. 光明日报，2020-03-27(01).

运动，造成知识分子与工农群众、脑力劳动与体力劳动、学习与劳动的严重对立，严重破坏了劳动教育发展的客观规律。改革开放后，在"整个教育事业必须同国民经济发展的要求相适应"①理念的指导下，劳动教育内容不仅涉及工农业，还涉及商业和服务业等，特别是现代先进技术的教育内容，在促进经济发展的同时，也容易将劳动教育窄化为学习生产技能的载体，忽视其育人本质。步入新时代，劳动教育内容应着眼于新时代劳动观的精神内核，涵括劳动与人类历史、劳动与人生、劳动与社会、劳动与伦理、劳动与文化、劳动与法律、劳动与心理、劳动与社会保障、劳动与劳动关系等主题，如表3-1所示。

　　劳动教育主题内容的选择应指向青少年未来生活需要的劳动素养。这些劳动教育主题内容与学生劳动生活密切相关，从理论到实践，从历史到未来，勾勒了劳动教育内容的基本样貌。劳动与伦理、劳动与经济、劳动与法律、劳动与心理、劳动与劳动关系、劳动与管理、劳动与安全、劳动与工会等主题内容，结合了学生未来职业发展和社会生活中可能遇到的各种劳动问题，普及必要的实用知识。比如，学习了劳动与伦理、劳动与法律、劳动与社会保障、劳动与安全，有助于学生了解自己作为劳动者的基本权利与义务，可寻求的法律保护、可享受的福利保障、应注意的劳动风险防护；学习了劳动与心理，有助于学生掌握保持心理健康、克服职业倦怠的基本方法；学习了劳动与劳动关系，有助于学生深刻理解中国特色和谐劳动关系建构与协调的原理；学习了劳动与工会，有助于大学生正确认识工会组织在劳动关系协调中的重要作用，懂得如何借助工会组织力量维护自身正当权益；等等。随着"五育并举"政策的落实，劳动教育内容将越来越丰富。新时代的劳动教育内容既要包括既有的生产和生活中的一些实践活动，更要及时纳入人工智能、信息通信技术等方面的内容。通过对新技术的接触和使用，使学生掌握参与和创新劳动的实践方式及方法。在高速发展的知识经济时代，

---

①邓小平. 邓小平同志论教育[M]. 北京：人民教育出版社，1990：63.

社会生产的新工艺和新技术一诞生，就应将现代信息技术纳入劳动教育内容体系。新时代的劳动教育内容不仅要激发学生对现代新技术和新生活的兴趣，更要有效拓展学生的科学视野和社会视野。[①]

表3-1 劳动教育的主题内容

主题	内容
劳动与人类历史	人类劳动的本质 劳动创造人类文明 劳动工具的历史演进 劳动形态的演变 劳动托起中国梦 ……
劳动与人生	劳动是人的第一需要 劳动成就人的价值 人生观与劳动观 劳动与个体生活 劳动与人生职业发展 劳动创造幸福 ……
劳动与社会	劳动者社会化：掌握职业技能、内化劳动规范、适应工作中的人际关系、认同组织文化等 劳动组织 劳动制度：劳动就业制度、劳动工资制度、劳动保障制度等 ……
劳动与伦理	劳动的伦理本性与伦理意义：劳动创造了道德主体、创造了伦理道德，劳动促进了人的全面发展 劳动伦理形态：奴役劳动、谋生劳动、体面劳动、自由劳动 劳动关系和谐：劳动者与自己的劳动产品和谐、人与人之间的劳动关系和谐、人与自然的生态和谐 诚实劳动：在社会关系上，坚守公平正义，反对损人利己；在经济形态上，反对资本欺诈，反对网络诈骗；在人与自然的关系上，绿色发展，不以牺牲生态为代价换取经济发展；在社会文化培育上，建设"人人为我，我为人人"的文化形态 ……
劳动与文化	劳动精神 劳模精神 工匠精神 ……

①刘向兵. 劳动通论[M]. 北京:高等教育出版社,2020:1-3.

续表

主题	内容
劳动与法律	就业促进法 劳动基准法 劳动合同制度 劳动争议处理法律制度 ……
劳动与心理	劳动与压力管理 劳动者的心理健康 ……
劳动与社会保障	以"五险一金"为核心的职工社会保障体系
劳动与劳动关系	中国特色和谐劳动关系 劳动者与工会组织 劳动关系协商协调机制 劳动关系矛盾调处机制 ……
劳动与未来	全球化4.0时代 劳动世界的新"劳动者"——智能机器人 人类劳动在智能化时代的特征 未来劳动世界的职业变动预测 未来劳动者的素质要求 ……

第二节　劳动教育内容的组织

　　劳动教育内容的主题确立后，如何对其进行有效组织是劳动教育需要重点关注的。一般而言，劳动教育内容的组织形式有课堂教学和劳动实践两种。关于课堂教学，中共中央、国务院《关于全面加强新时代大中小学劳务教育的意见》明确提出开设劳动教育必修课，并在学科专业中有机渗透劳动教育。由于劳动教育具有鲜明的实践性导向，要求学生在实际的劳动体验中掌握基本的劳动知识和技能，形成良好的劳动习惯和劳动品质，并在此基础上培育自身的劳动观。因此，相对于课堂教学而言，劳动实践这种组织形式更容易提高劳动教育的实效性。为了提高劳动教育内容组织的全面性，针对劳动新形态和社会服务新变化，学校应在日常生活劳动、生产劳动和服务性劳动中组织劳动教育内容。

一、在日常生活劳动中组织劳动教育

　　劳动教育起源于生活，与生活紧密相关。生活劳动的宗旨是教会学生掌握基本的生活技能，养成勤劳朴实的生活习惯，提高生活自理和适应能力。不同的劳动方式造就不同的生活方式，劳动教育内容应关注青少年成长中的生活需要。从这个层面来理解，生活劳动教育的内容可划分为生活技能教育和劳动习惯教育两个方面。一是生活技能教育。小学生应积极参与自己衣、食、住、行等方面的生活劳动，基本能够做到生活自理；中学生应积极参与家务劳动和校务劳动，强化劳动能力；大学应积极参与勤工助学、实习实训等活动，培养自立品质。二是劳动习惯教育。学校设置相应的劳动任务，鼓励学生主动参与学校服务和部分管理工作，给学生提供开展劳动的机会，让学生有意识地主动地参与劳动、理解劳动、投身劳动和热爱劳动，培养良好的劳动习惯。

　　家务劳动是日常生活劳动教育的重要载体之一。家庭不仅是人生长和生活的场所，也是原初的"学校"，是开展日常生活劳动教育的最重要场域。德国教育家福禄贝尔就非常重视家庭在幼儿教育中所能发挥的重要作用，认为家庭成员共同劳动和彼此互助是家庭生活的基础，既然儿童参与家庭生活，那么他们就要参与其中的家庭劳动。就家庭劳动教育资源来讲，家庭生活中蕴含的劳动教育资源体现在饮食起居的方方面面。家庭在营造温馨关爱氛围的同时，也处处体现着劳动的价值、劳动的态度和劳动的技能。不可否认，"学而优则仕"的传统教育观念还在影响着一些家庭，且传统的劳动概念主要指的是体力劳动，致使一些家长鄙视劳动和劳动者，轻视劳动教育，这阻碍了劳动教育的开展。不少家长将劳动与学习对立起来，将劳动教育与孩子成长成才割裂开来，认为学习就是一切，学习可代替一切。以书本知识为中心、以听课写作业为形态、以教室为空间、以分数为成败标志的学习观导致一些家长不重视劳动教育。在家庭生活中，有的家长替孩子包办一切，从饮食起居到收拾学具课本，均不让孩子动手；有的家长甚至连孩子在学校里正常的卫生值日这类劳动也都统统包办。殊不知，这种以爱的名义对孩子过度呵护实则剥夺了孩子锻炼成长的机会。遗憾的是，不少家长尚未认识到这些问题。针对这些问题，中共中央、国务院《关于全面加强新时代大中小学劳务教育的意见》提出"注重抓住衣食住行等日常生活中的劳动实践机会，鼓励孩子自觉参与、自己动手，随时随地、坚持不懈进行劳动"[1]。在这一过程中，学校应积极转变家长的教育观念，使其认识到劳动在孩子学习生活和未来发展中的重要作用，成为孩子家务劳动的指导者和协助者，成为学校开展劳动教育的合作者。

A师范学校附属小学积极进行家校合作，以"劳动创造幸福"为主题，制定家务劳动细则，学生依据家务劳动细则的要求，践行"周三劳动实践日"制度。班级根据实际情况制定评价制度，家长根据细则指导和帮助孩子参与常规家务劳动，设置固定的"家务劳动岗位"，引导学生养成劳动习惯，提升劳动素养。家务劳动细则如表3-2所示。[2]

表3-2 "劳动创造幸福"家务劳动细则要求

年级内容	整理类	打扫类	其他类	涮洗类	清洗类	烹饪类
一	整理书包，整理文具，会按学科、大小分类	学习擦拭灰尘，并帮忙丢垃圾	独立洗手、剪指甲、洗脸、刷牙，并将用完的毛巾、牙刷摆放整齐	饭前摆好碗筷	清洗自己的红领巾、安全帽	帮家人择菜
二	整理书包及自己的书桌，保持整洁	打扫自己的房间	准备第二天要穿的衣物，独立穿衣服	饭前摆好碗筷，饭后收拾餐桌	清洗自己的小件物品	帮忙清洗瓜果蔬菜

---

①中共中央 国务院关于全面加强新时代大中小学劳动教育的意见[N]. 光明日报，2020-03-27(01).

②俞淑梅. 构建劳动教育课程体系打好学生幸福人生底色[J]. 福建教育学院学报，2018,19(12):16-18.

续表

三	会叠衣服，整理自己的床铺	打扫房间及客厅	主动帮家长购买生活用品，并学会付钱	学会洗碗	帮忙晾晒衣物，并会洗自己的小件衣服	学会用电饭煲煮饭
四	会叠衣服，整理自己的房间，并保持卧室整洁	打扫房间、客厅和阳台、院子	学会穿针引线，会钉扣子	学会洗碗，整理餐桌	会将衣物按颜色分类，学会使用洗衣机	学会做简单的早餐，学会削苹果
五	会叠衣服，整理自己的衣柜，分类放置物品，保持整洁	打扫房间及客厅，会用拖布拖地	帮忙拟写菜单，一起买菜	洗碗后，将厨房用具分类放置	会清洗自己的衣服	两周学会一道简单可口的饭菜。
六	会整理卧室、客厅，做到美观整洁	打扫房间及客厅，帮助家长一周一次大扫除	拟写采购清单，帮忙购物，学会做假期出行计划	洗碗后将厨房用具分类放置，保持厨房整洁干净	会清洗自己及家人的衣服	两周学会一道稍复杂的饭菜，色香味俱全为佳

校务劳动是日常生活劳动教育的另一重要载体。学校拥有良好的劳动教育资源和环境，如相关场地、装备、工具、器材等。学校应积极开展校务劳动，引导学生在整理书桌、戴红领巾、打扫教室卫生等活动中感受劳动的乐趣，提高劳动本领，养成热爱劳动、热爱生活的习惯。

A师范学校附属小学通过开展五一校务劳动技能展示活动，引导学生树立劳动意识，感受劳动的乐趣，提高劳动本领，体验劳动的价值。如表3-3所示，该校校务劳动项目在设计时充分考虑学生的年龄特点，选择合适的操作性劳动技能进行现场展示。[1]

---

①俞淑梅.构建劳动教育课程体系打好学生幸福人生底色[J].福建教育学院学报，2018,19(12):16-18.

表3-3 "劳动创造幸福"校务劳动项目展示

年级	展示项目	所需材料	活动前准备	达标要求
一	整理书桌用品	书包(包括所有的书籍、簿籍、文具)	把所有物品都倒入储物篮内,并打乱顺序	1.轻拿轻放,迅速 2.分类合理,有序 3.规定时间:5分钟
二	戴领巾绑鞋带	身穿衬衫(校服),脚穿需要绑带的鞋	红领巾一条摆在桌面,把鞋带松开	1.边诵读口诀边熟练系戴领巾,红领巾压在领子下 2.熟练地绑紧鞋带,打蝴蝶结 3.规定时间:3分钟
年级	展示项目	所需材料	活动前准备	达标要求
三	穿校服叠衣服	冬款校服(制服款中的马甲、外套)	身穿夏款制服,冬款的马甲和外套摆在桌面	1.红领巾佩戴好,压在领子下 2.扣好外套扣子,叠平整美观,码放整齐 3.规定时间:3分钟
四	会扫地讲卫生	收集飘落的树叶,每班各准备17套畚斗和扫帚	年段安排布置:用胶带把篮球场分成两大区域,每个大区要有50个小区	1.把自己本区域的垃圾扫成堆 2.一手拿扫帚,一手拿畚斗,把垃圾全部扫进畚斗里 3.规定时间:2分钟
五	穿针线缝纽扣	校服衬衫(长袖,剪掉第二、第三个扣子)、针线、剪刀	把衬衫及针线、剪刀摆在桌面上	1.会穿针线,会打结 2.缝完,把衬衫扣上摆好,对齐、美观 3.规定时间:8分钟
六	削苹果拼果盘	苹果一个,其他水果若干,水果刀等	水果、刀具摆上桌。(刀具带到校后,要到展示现场才能拿出,摆在桌面上,使用时注意安全)	1.削苹果刀法操作熟练,果肉不浪费 2.拼盘造型有艺术、创意 3.两项规定时间分别为5分钟

二、在生产劳动中组织劳动教育

生产劳动是马克思主义政治经济学的一个重要范畴。在批判古典政治经济学家生产理论的基础上,马克思深入分析了资本主义社会生产方式,形成系统的生产劳动理论。从一般劳动过程的角度,马克思认为生产物质产品的劳动就是生产劳动。劳动过程是物质运动过程,即以人为一方,以自然界为另一方,双方交换物质及能量的过程。劳动过程主要表现为主观劳动条件和客观劳动条件的结合，即劳动主体和劳动客体的结合。在一般情况下，客观劳动条件分解为劳动资料和劳动对象，由此构成了人们通常所理解的劳动过程三要素：劳动者、劳动工具、劳动对象。其中，劳动工具和劳动对象作为客观劳动条件，与作为主观劳动条件的劳动者界限分明。劳动工具和劳动对象是外在于劳动者的存在，前者属物，后者属人。马克思还考察了资本主义生产方式下的生产劳动，强调生产劳动过程就是剩余价值的生产过程，并提出了异化劳动理论。

"教育与生产劳动相结合"的科学考察。马克思在深入分析现代生产、现代科学、现代教育的基础上提出"教育与生产劳动相结合"的科学思想。他认为，在大工业背景下，教育必须与生产劳动相结合，才能使现代生产工作者掌握现代科学，了解一般技术原理和技能，才能有效从事工作。列宁充分继承和发展了马克思关于"教育与生产劳动相结合"的科学思想，强调"没有年轻一代的教育和生产劳动的结合，未来社会的理想是不能想象的"[①]。"教育与生产劳动相结合"是国家机关、政党、政治领袖提出的纲领、政策、方针，其回答的是教育与生产劳动相结合"应如何"这个问题。例如，苏联普通教育法要求"对十七岁以下全体男女儿童实行免费的和义务的普通和综合技术教育（即从理论上和实践上了解一切主要生产部门的教育）……使教学和社会生产劳动紧密结合起来"[②]。又如改革开放初期邓小平提出的"我们制定教育规划应该与国家的劳动计划结合起来，切实考虑劳动就业发展的需要"[③]。

劳动教育是"教育与生产劳动相结合"思想或原则的具体化实践，是为了培养符合时代发展需求的劳动者，以劳动素养教育为基本内容，主要在劳动实践中进行的教育。随着劳动形态的发展变化，今天我们所讲的劳动教育不应也不能仅仅是"学校教育"与"生产劳动"这种特定

---

①列宁全集：第2卷[M].北京：人民出版社，1959：413.

②檀传宝.何谓"教育与生产劳动相结合"：经典论述的时代阐释[J].课程·教材·教法，2020（1）：4-10.

③邓小平.邓小平同志论教育[M].北京：人民教育出版社，1990：64.

历史形态的结合。随着社会生产力的提高，新型劳动形式不断涌现，生产劳动的内涵不断丰富。科技劳动、管理劳动、数字劳动、服务劳动都应成为劳动教育的内容。

在日新月异的人工智能时代，社会对劳动者的需求具有显著的时代特征，"要求劳动者不仅具备专业技术能力，同时具备复合素质"①，如创新精神和创新能力。在此背景下，过往以学习基本生产知识和技能为主的劳动教育面临挑战和革新。为了培养符合时代发展的知识型、技能型和创新型劳动人才，劳动教育应依据劳动形态的演进而与时俱进。因此，在生产劳动中组织劳动教育内容，应从以下三个方面展开。一是科学意识教育。为了适应社会大生产，提高学生的工业劳动技能，劳动教育应强化科学劳动教育，在物理、化学、生物等学科教学中加大动手操作技能、职业技能等的培养力度；通过科学技术活动和实践，培养学生的基础性科学素养与科学意识。二是科学知识教育。学校为学生提供现代信息技术、人工智能等方面的科学技术知识，促使学生尊重科学、理解科学、投入科学研究，用科学的方式解决遇到的问题，掌握开展生产活动的科学方法和科学思维能力。三是科学精神教育。学校应提供与产业升级和生产活动能力提高相关的创新劳动知识及其应用机会，支持学生把科学融入学习和生活中，体会、探究科学知识和科学方法所蕴含的核心理念与基本价值；在各类相关教材和活动中体现科学家追求真理的精神和献身科学的事业心，促使学生树立科学精神，坚定为建设科技强国而学习的信念。

苏霍姆林斯基的教育著作《帕夫雷什中学》中提到的一直通过生产劳动组织劳动教育，并取得举世瞩目的劳动教育效果。其强调学校应竭力"使劳动在幼年时期就进入儿童的精神生活"，并"分析我们周围生产环境中种种劳动过程，并从中找出某些东西来具体而又清晰易懂地向

---

① 曾天山，顾建军. 劳动教育论[M]. 北京：教育科学出版社，2020：47.

孩子们揭示劳动的社会意义和创造意义"①。在帕夫雷什中学，学生从入学第一天起就参加各种劳动项目，如机械设计和模型制作、农作物栽培（有温室、生物角、教学实验园地）、树木栽培、养兔、养蜂、养牛、养羊、研究内燃机的构造、研究农业机器和电工学、加工制作木材和金属制品等。帕夫雷什中学尤其重视农业生产劳动，其"学生在八九岁时就培育小麦、向日葵、甜菜、玉米的杂交种子，或者编成小组、小队去照管幼崽，为家畜储备饲料"。在其传统节日"新粮面包节"中，学生收割小块园地上自己种的小麦，用小型脱粒机脱了粒，然后交给磨坊。得到面粉后，学生把妈妈请到学校，与妈妈一起烤制面包，用自己劳动所得的新粮面包来感恩她们。"年纪小的孩子们很乐意去做……学校分给他们一块几十平方米贫瘠荒芜的不大地块，他们用几年时间把这块地改造成肥力很高的土地。每逢收获季节，七八岁的孩子们就去拣选最好的麦穗，然后由他们将这些种子一直保存到春天，这种劳动特别能激励孩子：要知道，正是他们所收集这些籽种的好坏——这些种子在春天将由他们的高年级同学进行播种——将决定试验田的产量"②。帕夫雷什中学前校长、著名劳动教育家苏霍姆林斯基强调："生产劳动不只是铲子和犁，而是一种思维。"③引导学生在生产劳动中激发自身的创造力是劳动教育的重要内容。

三、在服务性劳动中组织劳动教育

人类通过劳动满足自身的生存需要，实现自己的生存意义。超越生存的意义，劳动的崇高意义在于"能在劳动的物质成果中体现他的智慧、技艺、对事业的无私热爱和把自己的经验传授给同志的志愿"④。故苏霍姆林斯基认为不能让孩子过早参加有报酬的劳动，这会导致孩子

①苏霍姆林斯基.帕夫雷什中学[M].赵玮,等,译.北京:教育科学出版社,1983：363,364.

②④苏霍姆林斯基.帕夫雷什中学[M].赵玮,等,译.北京:教育科学出版社,1983：364,363.

③苏霍姆林斯基.怎样培养真正的人[M].蔡汀,译.北京:教育科学出版社,1992：146.

养成自私、贪婪的恶习，教育应引导其在为社会创造财富而无报酬的劳动中提高自身的精神境界。在帕夫雷什中学，"让那种要为社会带来利益的愿望激励孩子去劳动"是其核心劳动教育理念，其强调"让孩子们首先去做创造全民财富的事（如提高土壤肥力，栽培护田林、葡萄园、果园，参加经济和文化生活设施的建设、筑路等）"。

步入新时代，劳动形态不断革新，但引导学生参加服务他人和社会的劳动实践依然是劳动教育的重要形式。服务性劳动的重要特征就是公益性，强调为他人和社会服务，进而强化自身的社会责任感。人在进行服务性劳动中感受到劳动的意义和价值，获得劳动幸福感。服务性劳动具有重要的育人功能，学生在社会公益劳动中体验到为他人服务的快乐，了解他人和社会，实现自我价值和社会价值的统一。

通过服务性劳动组织劳动教育，主要包括校内公益活动、社会公益劳动和国家公益行动。一是校内公益活动。校内组织的各项劳动，如校园卫生保洁和绿化美化及与劳动有关的兴趣小组、社团、俱乐部等活动，可以培养学生提供服务、主动参与公共活动的习惯。二是社会公益劳动。学校可定期安排学生参加农业生产、车间体验、工厂实习、"三下乡"、"四进社区"等义务劳动实践。而且，学校可利用劳动教育实践基地、综合实践基地和其他社会资源与研学旅行、团队日活动、社会实践活动等相结合，培养学生的奉献精神。三是国家公益行动。鼓励和支持学生以不同的形式参与救助受灾群众、救济贫困人士、扶助残障人士等活动，支持大学生参与"下基层、进农村"的锻炼，组团开展"支边教育"等教育扶贫活动。学生在为他人和社会的劳动实践中提升自身的服务意识，领悟自身价值和社会价值的辩证关系，从而做德智体美劳全面发展的时代新人。

随着社会的进步，学校教育不再是只有讲台、教室、校园的传统样貌，而是日益走向开放。教育发展需要多方力量的配合，家庭、学校、社会都应承担相应的责任。为了发挥服务性劳动的育人功能，劳动教育需要调动家庭、企业、社区、社会多方力量，整合劳动教育资源，提高劳动教育实施的实效性。具体而言，通过服务性劳动组织劳动教育要以家庭、学校、社会为主体，以校园劳动、家务劳动、社会劳动为基础设置服务岗位，使学生能真真切切地参与服务性劳动，使其"在自己的劳动中能体验到、感觉到自己的荣誉、自尊，能为自己的成果而自豪"①。

第三节　劳动教育内容的优化

随着德智体美劳育人体系的落实，劳动教育内容将越来越丰富。为了提高教育实效性，劳动教育内容既要继承"耕读文化""工匠精神"等优秀传统文化，又要立足新时代，把握时代发展脉搏，不断创新发展。新时代劳动教育内容既要与自然融通，又要与生活对话；既要与社会联结，又要与职业发展相嵌；既要与传统接轨，又要与未来同向。

一、与自然融通，与生活对话

在漫长的人类历史中，人通过劳动与自然界进行物质交换，进而满足自身的生存需要。但人的发展变化源自其自然本性，故人在走出自然学会生活的同时又要回归自然。劳动教育在根本上是以促进人性完善为中心的教育，其内容的编制既要与自然融通，又要与生活对话。两者有机统一，共同作用于学生的成长。

编制与自然融通的劳动教育内容。亚里士多德强调"教育要适应人的自然发展"，这个"自然"是外在的自然环境，更是人内在的自然本性。"大自然希望儿童在成人以前就要像儿童的样子"②，劳动教育是以完善人性为基础的实践活动，其内容应关注学生内在的自然规定，与自

---

①苏霍姆林斯基.帕夫雷什中学[M].赵玮，等，译.北京:教育科学出版社,1983:363.

②卢梭.爱弥儿[M].李平沤，译.北京:商务印书馆,1978:91.

然融通。一方面，劳动教育内容的编制应依据个体发展的内在秩序。亚里士多德提出，人本身经历着"身体的发展—非理性部分的发展—理智的发展"过程，这是人的灵魂从低级、中级到高级的过程，最后呈现人之为人的特性。教育应遵循儿童成长的自然进程，首先是身体训练，其次是品格教育，最后是理智教育。在编制劳动教育内容时，也应遵循学生成长的这种内在秩序。在不同的年龄阶段，学生的认知规律和接受特点是不一样的，劳动教育内容的选择应综合考虑学生的年龄特征、认知规律和接受特点。苏联杰出教育家克鲁普斯卡娅曾依据学生的年龄特点提出一年级到十年级的劳动教育内容设想：一、二年级的学生主要进行游戏和自我服务，三、四年级的学生要适当参与生产劳动，五至七年级的学生应进入实习工厂劳动，八至十年级的学生与成人一起参加工厂（或农场）劳动。学校应依据个体发展的内在秩序编制劳动教育内容，使其各有侧重又相互衔接。一般而言，小学劳动教育重在塑造劳动习惯，发展生活自理能力，强调引导学生爱护个人卫生，处理个人基本的生活问题，分担一些简单的家务，适当参加社会公益劳动，等等；中学劳动教育重在强化劳动能力，培养自立品质，强调引导学生学习基本的劳动知识和技能，适当参加生产劳动，参与社区服务，等等；大学劳动教育重在陶冶劳动情操，铸就自强意志，强调引导学生参与实习实训、社会实践、勤工助学等。另一方面，劳动教育内容应有效挖掘自然资源。在应试教育盛行的环境中，学生常常被禁锢在学校的"铜墙铁壁"中，埋头于写不完的作业里。大自然是最伟大的造物者，回归自然是释放儿童天性的重要手段。随着社会生产力的发展，现代人已然不可能过与自然融为一体的原始社会生活。劳动教育的实践特性给予学生了解自然、参与自然、回归自然的可能性。劳动教育应走出校园，充分利用大自然这个室外空间，在山水林木间挖掘自然环境中的教育资源，引导学生在大自然中体验人如何"超越动物性的束缚"，如何改造自然实现生存与发展，又应如何保护自然，做到与自然共生。

　　编制与生活对话的劳动教育内容。生活即教育，"没有生活做中心的教育是死教育"①。引导学生在现实生活中接受劳动的教化，通过劳动体验深刻领悟生活的喜怒哀乐，进而理解自我和世界，确证个体存在的意义，这是劳动教育的重要目标。当前，学校教育内容日益"知识化"，学生被动沉浸于书本的世界，离生活越来越远。"十指不沾阳春水"被异化为现代孩子的群体写照。劳动创造了人和世界，创造了生活，生活是劳动教育发生的起点。劳动教育的这一特性要求其内容必须"贴近生活"。引导学生从书本的抽象经验走向现实生活的具体经验，从冷冰冰的知识世界走向生动鲜活的现实世界，才能使他们以劳动创造美好生活。一方面，在劳动教育内容编制过程中，积极挖掘学生自身的生活经验。生活是教育的本源，劳动教育内容要关切学生的实际生活，融入学生衣食住行等日常生活经验。第二次世界大战以来，在历次教育改革中，家政课成为日本劳动教育的重要内容，也是日本最为著名的课程。家政课从小学五年级起开设，涉及"衣食住行""家庭或家族集体生活""消费生活"等主题。小学阶段注重让学生理解在家庭生活中所需要的劳动知识和技能；在初中阶段则进一步要求学生能够活用劳动技术与知识，通过科学实践活动，培养生活自立和解决问题的能力。反思和学习日本的劳动教育经验，劳动教育内容应积极融入生活，包括生活技能教育和劳动习惯培养。小学生应积极参与自己衣食住行等方面的生活劳动，基本能够做到生活自理；中学生应积极参与家务劳动和校务劳动，强化劳动能力；大学应积极参与勤工助学、实习实训等活动，培养自立品质。此外，学校设置相应的劳动任务，鼓励学生主动参与学校服务和部分管理工作，给学生提供开展劳动的机会，让学生有意识地主动地参与劳动、理解劳动、投身劳动和热爱劳动，培养良好的劳动习惯。另一方面，劳动教育内容应覆盖家庭生活、学校生活和社会生活。家庭、学校、社会是学生生活的主要领域，是劳动教育内容所要覆盖的场域。一

_____

　　①陶行知.生活教育文选[M].成都:四川教育出版社,1988:106.

是关切家庭生活。在"学而优则仕"的传统教育观念影响下，不少家长将劳动与学习对立起来，将劳动教育与孩子成长成才割裂开来，认为学习就是一切，学习可代替一切。在家庭生活中，有的家长替孩子包办一切，从饮食起居到收拾学具课本，均不让孩子动手；有的家长甚至连孩子在学校里正常的卫生值日这类劳动也都统统包办。这种在爱的名义下对孩子的过度呵护，实则是剥夺了孩子锻炼成长的机会。因此，学校要转变家长的教育理念，要重视家庭在幼儿教育中所能发挥的重要作用，认识到家庭成员共同劳动和彼此互助是家庭生活的基础。既然儿童参与家庭生活，那么他们就要参与其中的家庭劳动。就家庭劳动教育资源来讲，家庭生活中饮食起居的方方面面都蕴含着家庭劳动教育资源。家庭在营造温馨关爱氛围的同时，也处处体现着劳动的价值、劳动的态度和劳动的技能。二是关切学校日常生活。学校拥有良好的劳动教育资源和环境，如相关场地、装备、工具、器材等。学校应积极开展校务劳动，引导学生在整理书桌、戴领巾、打扫教室卫生等活动中感受劳动的乐趣，提高劳动的本领，养成热爱劳动、热爱生活的习惯。三是关切社会生活。设置企业参观、职业体验、车间体验等活动，或与社区合作，开设各种社区服务岗位，引导学生走出课堂，走向社会走进社区既有利于学生提高自身的劳动能力，增长见识，又使其在真实的生活情境中体会到为他人、为社会服务的成就感。

二、与社会联结，与职业相嵌

人的劳动从来就是社会的劳动，因而人始终是"社会的产物"。在现阶段，人主要以职业身份参与社会生活。因此，劳动教育内容要与社会联结，与职业相嵌，从而引导学生科学地进行自我评估，把握职业倾向，树立职业理想，实现自我价值和社会价值的统一。

编制与社会联结的劳动教育内容。在分工发达的现代社会，"社会关系实际上决定着一个人能够发展到什么程度"[1]。从这个角度而言，人

---

①马克思恩格斯全集：第3卷[M]. 北京：人民出版社，1960:295.

的全面发展取决于社会关系的全面发展。个人在与他人的普遍交往中，"构筑自身作为社会存在的物质生活和精神生活"①，实现自身的生产与再生产。因此，编制劳动教育内容应与社会紧密结合起来，体现信息社会人的发展特点，反映知识经济时代对个体素质提出的新要求，从而彰显劳动教育的时代价值。其一，劳动教育内容应关切学生社会关系的建构。对于身处信息化、全球化、网络化的青少年群体而言，其社会化过程表现出时代的特殊性。他们在反哺文化环境里突破"长—幼"文化传递模式，在网络信息空间中实现虚拟社会化成长。纵观现实生活，"狂欢是一群人的孤独，孤独是一个人的狂欢"是部分青年社会交往的写照。网络社会改变了传统的社会交往方式，其"形式很热闹，能让人狂欢"，但"又是如此孤独"，这种狂欢与孤独折射出青年社会交往能力与成果的弱化。劳动教育应引导学生进入真实的劳动世界，为其提供社会交往的平台，使其在劳动中学会沟通协作，创建良好的社会关系。这对于虚拟社会化成长中的新时代学生群体具有极其重要的意义。其二，劳动教育内容紧密结合社会发展问题。在网络化、信息化、全球化的背景下，由于日益便捷的新媒体的影响，学生对社会发展中出现的各种问题越来越敏感。劳动教育内容的编制可重点整合当前突出的社会问题，如劳动关系与权益问题、劳动技术伦理问题、人工智能问题等，并引导学生辩证看待这些问题，以提高其社会参与意识，培养其社会参与能力。其三，劳动教育内容编制要充分挖掘社会资源。劳动教育要走出校园，走向田间地头，走进工厂车间。其中，最为重要的就是建设社会劳动教育基地。在农村地区，可有序开发田地、山林、草场等作为学农实践基地。学校应定期开展学农活动，使学生在农业体验中强化自身的劳动意识。而在城镇地区，要积极与社区、工厂、企业等单位合作，为学生参加工业体验、商业和服务业实践等提供保障。显然，在城市相关行业和农村的广阔天地中蕴藏着丰富的教育资源，它们都可以被开发和利用。

①徐海娇. 重构劳动教育的价值空间[J]. 中国教育学刊,2019(6):51-56.

编制与职业相嵌的劳动教育内容。劳动教育是"教育与生产劳动相结合"思想或原则的具体化实践，是为了培养符合时代发展需求的劳动者，以劳动素养教育为基本内容，主要在劳动实践中进行的教育。随着劳动形态的发展变化，今天我们所讲的劳动教育不应也不能仅仅是"学校教育"与"生产劳动"这种特定历史形态的结合。随着社会生产力的提高，新型劳动形式不断涌现，生产劳动的内涵不断丰富。科技劳动、管理劳动、数字劳动、服务劳动都应成为劳动教育的内容。因此，在日新月异的人工智能时代，社会对劳动者的需求具有显著的时代特征，"要求劳动者不仅具备专业技术能力，同时具备复合素质"①，如创新精神和创新能力。在此背景下，过往以学习基本生产知识和技能为主的劳动教育面临挑战和革新。为了培养符合时代发展的知识型、技能型和创新型劳动人才，劳动教育内容应依据劳动形态的演进而与时俱进。一是编制科学意识教育内容，引导学生在创造性劳动中提高自身的职业追求。适应社会化大生产的、与工业劳动技能相关的科学劳动教育要求在物理、化学、生物等学科教学中加大动手操作技能、职业技能等的培养力度，通过科学技术活动和实践培养学生的基础性科学素养与科学意识。二是编制科学知识教育内容，引导学生在创造性劳动中增强自身的职业能力。学校为学生提供现代信息技术、人工智能等方面的科学技术知识，促使学生尊重科学、理解科学、投入科学研究，用科学的方式解决遇到的问题，掌握开展生产活动的科学方法和科学思维能力。三是编制科学精神教育内容，引导学生在创造性劳动中追求职业幸福感。学校应提供与产业升级和生产活动能力提高相关的创新劳动知识及其应用机会，支持学生把科学融入学习和生活中，体会、探究科学知识和科学方法所蕴含的核心理念与基本价值；在各类相关教材和活动中体现科学家追求真理的精神和献身科学的事业心，促使学生树立科学精神，坚定为建设科技强国而学习的信念。此外，劳动教育内容的编制还应结合职业道德教育，学习"劳模精神"和"工匠精神"，引导学生感悟劳动者基本的道德品质，做好职前准备。

①曾天山,顾建军.劳动教育论[M].北京:教育科学出版社,2020:47.

三、与传统接轨，与未来同向

"民生在勤，勤则不匮"，中华文明史就是一部劳动发展史。在漫长的历史长河中，中华民族创造了灿烂的劳动文化。在多元文化背景下，劳动教育内容应与传统接轨，坚守文化的本土性。但伴随社会生产力的发展，劳动形态不断迭代和更替，劳动者、劳动工具、劳动对象等都伴随社会的发展而发生了根本性变化。其要求劳动教育要立足时代发展需求，适应未来社会的发展走向。因此，劳动教育内容的编制既要与传统接轨，又要与未来同向。

编制与传统接轨的劳动教育内容。中国劳动文化博大精深、源远流长。精卫填海、夸父逐日、愚公移山、鲧禹治水等神话传说述说着中国人民的勤劳勇敢与智慧，"劳力与劳心"折射了中国古代的社会分工体系，而耕读传家、工匠文化等思想至今闪耀着智慧的光芒。劳动教育内容的编制应积极挖掘传统劳动教育资源，使学生在中华民族优秀劳动文化的浸染中养成良好的劳动品质。其一，劳动教育内容应融入"劳力与劳心的价值之辩"，使学生在"辩"中明理，在"辩"中实现全面发展。在封建价值谱系上，"劳力"与"劳心"的分离与对立不仅仅是社会分工的不同，而且代表着高下之分、贵贱之别。"劳心者治人，劳力者治于人"成为影响中国社会走向的重要理念。"朝为田舍郎，暮登天子堂"，摆脱"劳力"，追求"劳心"成为全社会的普遍价值取向。而劳动观念的偏差容易塑造无数鲁迅笔下"四体不勤，五谷不分，肩不能担，手不能提"的孔乙己。因此，劳动教育内容要融入"劳力与劳心的价值之辩"，引导学生在"辩"中明白"劳心者治人，劳力者治于人"的腐朽思维，认识到做到手脑并用，才能成为全面发展的人，才能改造社会。其二，劳动教育内容应融入传统的"耕读文化"。在传统农耕文明下，独特的耕读文化影响着代代中华儿女的精神品质。"教子孙两行正路，惟读惟耕"，在中国历史发展过程中，耕读文化逐渐演变成一种家风传承，发挥着积极的社会影响和教化作用。古人认为"耕读"是安身立命和治家的根本之道。耕读传家中的"耕"不仅仅是传统意义上的农业生产劳动，还有更为深远的实践意义，其可以事稼穑，丰五谷，养家糊口，以立性命；"读"也不仅仅是传统四书五经的学习，而是为知诗书，达礼义，修身养性，以立高德。"耕读传家"所蕴含的"修身齐家治国平天下"的家国情怀、"孝悌为本、开拓进取、自强不息"的民族精神，以及理论与实践结合的为世之道是中华民族的宝贵精神财富。总之，"耕读传家"理念中蕴含着很多推动劳动教育发展的人文底蕴，我们应在中华源远流长的耕读文化传统中挖掘值得全面弘扬的现代精神文明因子，化耕为劳，化读为育，全面落实好劳动教育。其三，劳动教育内容应融入传统的"工匠精神"。在古代，"工匠精神"主要体现在工匠自身的职业素养上，其要遵守"由圣人而是崇"和"体圣明之所作"，其体现了"依于法而游于艺"，即工匠在劳作中要做到"重道、求道与体道"，学习先人的匠艺哲学宗旨。同时，也要遵循"按乃度程""毋作淫巧"的生产技术准则和要求。而且，对于一名工匠而言，不仅要有高超的技艺，还要拥有崇高的德行，方能做到德才兼备。劳动教育内容应有效融合传统"工匠精神"，引导学生继承和发展工匠文化和"工匠精神"的精髓。

编制与未来同向的劳动教育内容。随着社会生产力的发展，劳动形态将不断迭代和更替，劳动者、劳动工具、劳动对象等也会伴随社会的发展而发生了根本变化。劳动教育既要指向学生未来的发展，又要指向未来劳动形态的发展。一方面，劳动教育内容要指向学生未来的发展。劳动教育的个体功能指劳动教育对教育对象个体产生的客观影响，劳动人类以及人类社会生存和发展的基础，因为劳动不仅生产出物质生活资料，同时也生产出社会关系与人自身。在劳动中，个体既要处理人与自然、人与社会之间的关系，又要处理好人与自身发展之间的关系。在此过程中，人实现劳动能力、社会关系、自由个性的全面发展。劳动教育以"劳"育人，指向学生的全面发展，引导学生在处理人与自然的关系中实现劳动能力的全面发展，在处理人与社会的关系中实现社会关系的全面发展，在处理人与自身发展的关系中实现自由个性的全面发展。另一方面，劳动教育内容指向未来劳动形态的发展。未来，劳动与科学技术的联系将日益紧密，体力劳动与脑力劳动将走向深度融合，出现了数字劳动、智能劳动、公益劳动、服务产业劳动等新形态。而且，在人类劳动形态演进趋势中，我国逐步从"谋生劳动"过渡到"体面劳动"，新时代劳动将"超越了纯粹谋生的范畴……与自我实现、人生价值、主体选择性与快乐生活等紧密联系起来"①。劳动形态的变化将影响劳动教育的发展，劳动教育内容应与未来同向，针对劳动新形态，"适应科技发展和产业变革，注重新兴技术支撑和社会服务新变化"②。

---

①何云峰. 从体面劳动走向自由劳动：对中国"劳动"之变的再探讨[J]. 探索与争鸣,2015(12):53-58.

②中共中央 国务院关于全面加强新时代大中小学劳动教育的意见[N]. 光明日报,2020-03-27(1).

第四章　新时代劳动教育资源开发与利用

　　《大中小学劳动教育指导纲要（试行）》重视劳动教育课程资源开发，提出"鼓励学校、学术团体、专业机构等收集整理反映劳动先进人物事迹和精神的影视资料，组织研发展示劳动过程、劳动安全要求的数字资源，梳理遴选来自教学一线的典型案例和鲜活经验，形成分学段、分专题的劳动教育课程资源包，促进优质资源的共享与使用"。依据开发空间，新时代劳动教育资源可分为劳动教育资源、社会劳动教育资源、家庭劳动教育资源，本章尝试做些探讨。

第一节　新时代学校劳动教育资源开发与利用

　　本节主要从学校劳动教育资源的开发现状、特点与分类依据，以及手工劳动资源、机器劳动资源、智能劳动资源的开发与利用等方面展开。从学校劳动教育资源开发与利用方面存在的问题入手，有利于明确学校劳动教育资源的分类及下一步学校劳动教育资源的有效开发与利用。

一、学校劳动教育资源的开发现状、特点与分类依据

找准学校劳动教育资源建设的问题，明晰学校劳动教育资源的特点与分类依据，对有效开发与利用学校劳动教育资源至关重要。

（一）学校劳动教育资源的开发现状

1.学校劳动教育资源内涵的认识偏差

人们对学校劳动教育资源内涵的认识以偏概全，常常把扫地、搞卫生作为学校唯一的劳动活动。学校劳动教育资源涉及人力、物力以及自然资源的广大范畴，要避免因日常惯性的理解而窄化它的范畴，或是因偏狭的理解只关注某些资源。

2.学校劳动教育资源开发主体的认识偏差

由于教师没有树立正确的教育资源观，也存在对学校劳动教育资源开发主体的认识偏差，实践中不少教师把资源的开发主体狭隘地认为是校外课程专家和学科专家，甚至忽视了教师本身也是重要的资源开发主体，更别说通过学生、家长、社会力量等其他开发主体来发掘潜在的课程资源了。学校劳动教育资源的开发主体包括学校校长及行政人员、全体教师、全体校工、全体学生，也包括主导与参与学校劳动教育资源开发的高校教师、研究专家及社会各行各业的优秀人士。

3.学校劳动教育资源开发与利用存在不足

一方面，学校劳动教育资源的开发与利用存在不同地区和不同学校的资源不均衡的问题，资源闲置和浪费现象严重；另一方面，在农村地区存在对城市文化盲目追随而导致乡土课程资源被忽视的情况。学校应注重根据劳动教育课程的特点，开发劳动教育特色资源，同时注意根据学校所在地实际，因地制宜地开发城市或农村劳动教育资源。

4.学校劳动教育资源在学段方面未做区分

目前学校开展的劳动教育由于缺乏政策指引，存在劳动教育要求不明、劳动教育任务区分不清、小初高各学段劳动教育重点内容模糊的问题。如穿针引线这样的劳动既出现在小学低年级，也出现在高中一年级，同类劳动重复出现在不同的学段，且在程度上没做区别的现象在一线学校不在少数，导致劳动教育内容不符合学生身心发展的特点，起不到劳动教育应有的作用。学校有必要参照相关文件对各学段劳动教育资源的要求，区分劳动教育资源开发与利用的程度，如小学低年级参与适当的班级集体劳动，主动维护教室内外环境卫生等，进行简单手工制作，照顾身边的动植物；小学中高年级参加校园卫生保洁、垃圾分类处理、绿化美化等，初步体验种植、养殖、手工制作等简单的生产劳动。为此，需要配置与不同学段相应的劳动教育资源。

（二）学校劳动教育资源的特点

学校劳动教育资源主要指在学校范围内可供开发与利用的一切劳动教育的人力、物力以及自然资源的总和，是最方便获取、最适于规划的教育资源，是培养学生劳动价值观和劳动品质的主阵地与重要来源。学校劳动教育资源具有特色性、系统性和专业性。

1.特色性

特色性是指学校依据地方及学校特色，拟定劳动人才培养目标，培养学生相应的劳动素养。如一些学校把当地的刺绣作为特色手工课程，具有刺绣劳动的相关资源。

2.系统性

系统性是指学校根据劳动教育目标，全面开发并充分利用劳动教育资源，从而能完整培养人的某方面的劳动技能与劳动品质。如木工课程的开设，就需要全面配置木料加工的各种工具及原料，教给学生木头加工工具的使用原理，从而让学生运用原理去制造各种木器。

3.专业性

专业性是指学校劳动教育应注重学生生涯发展规划，培养学生职业方面的知识与技能，这些技能能为学生以后的职业生涯奠定一定的基础。如利用3D打印的资源可以培养学生智能空间想象与设计的专业能力，利用金属加工资源可以培养学生机械设计与加工的专业能力，等等。

（三）学校劳动教育资源的分类依据

1.人类劳动形态的变迁

在马克思看来，"各种经济时代的区别，不在于生产什么，而在于怎样生产，用什么劳动资料生产"[1]。他还指出劳动工具与社会生产时代特征的相关性，认为"劳动工具更能显示一个社会生产时代的具有决定意义的特征"。劳动工具的改造不断带来新的产业革命，最终推动人类社会向前发展，人类社会的历史其实就是劳动工具不断被改造的历史。依据人类劳动史各阶段主要使用的劳动工具，人类的劳动形态可以分为手工劳动、机器劳动、智能劳动三种。

2.新时代劳动形态的特点

新时代劳动形态呈现出持续迭代、新旧交融、多元并存的特点，要求劳动者重新确立自身在劳动中的存在价值，手工劳动是机器劳动、智能劳动的基础，机器劳动、智能劳动从手工劳动中积累发展而来，又为手工劳动提供了可借助的、更加优越的技术条件。20世纪90年代以来，在技术创新和技术融合的基础上，手工劳动、机器劳动、智能劳动三种劳动形态呈现出"持续迭代、交叉融合、新态频生和适度复兴"的状态，"迭代""交融""创新""复兴"成为新时代劳动形态的典型特征，劳动形态之间的协同支撑成为现代产业的保障。新时代三种劳动形态并存，但手工劳动呈现出日益减少的趋势，机器劳动与智能劳动占主导地位，且智能劳动明显表现出逐渐取代机器劳动的发展趋势。虽然每一次劳动形态升级都会使部分岗位出现"机器排挤人"的现象，给人们带来被机器替代的恐慌，但人们会通过能力升级适应岗位升级，或转换岗位而实现重新上岗。

3.学校即社会

杜威认为，学校就是雏形的社会，要把学校创造成为一个与现有社会制度一样的小型社会，从而培养能适应当下社会生活的人。从这个观

---

[1]中共中央马克思恩格斯列宁斯大林著作编译局.马克思恩格斯文集:第五卷[M].北京:人民出版社,2009:210,242.

点出发，学校也必须具有与当下社会一致的劳动形态，而要让学生适应当下的社会生活，就必须通过学校教育让学生体验当下社会的劳动形态。

综上，学校劳动教育资源可以划分为手工劳动资源、机器劳动资源、智能劳动资源。

二、手工劳动资源的开发与利用

下面主要从手工劳动的概念和价值、手工劳动资源的分类和开发主体、手工劳动资源的利用方式和学段要求三个方面进行阐述。

（一）手工劳动的概念和价值

1.手工劳动的概念

手工劳动指人运用自身的自然力——臂和腿、头和手的力量，直接取用或是改造自然物作为工具开展的劳动。一方面，手工劳动包含单纯的体力劳动，如卫生劳动、种植养殖劳动等；另一方面，手工劳动包含复杂、精细且带有一定创造性的劳动。在学校范围内开展的手工劳动主要有三大类：卫生劳动，主要是体力劳动；种植养殖劳动，以体力劳动为主，结合一定的脑力劳动；手工艺劳动，指双手运用工具对相关材料进行设计与加工，以制成一个用品，材料通常是木、竹、石、泥巴、布、纸、纤维或是金属的铁、铜等，通过此类劳动增强学生的体力、智力与创造力。

2.手工劳动的价值

手工劳动能让学生了解劳动创造财富、创造美好生活的道理，树立正确的劳动观念；能够延续古老技艺，开创新兴技艺，回应新时代对工匠精神的呼吁。随着新时代智能技术与信息技术的发展，手工劳动逐渐减少，但手工劳动并不是被淘汰的落后劳动形态。在劳动形态迭代的过程中，复杂且具有创造性的手工劳动一直存在，并在近年呈现出回归的态势。手工劳动融入了人类的智慧和情感，蕴含着特有的历史背景和制作过程中的创意等，这是任何先进的技术都难以取代的。手工劳动技巧是技术素养的基础，一个人应当从童年起就学会细致耐心地动手劳动，并逐渐过渡到操作机器和机械。可以说，人的技艺主要表现在他的手指上。因此，小学阶段宜以手工劳动为主，以更好地培养学生的动手能力和激发创造力，为培养大国工匠奠基。

（二）手工劳动资源的分类和开发主体

1.手工劳动资源的分类

（1）卫生劳动资源

新时代的劳动教育既要重视创新，也要继承传统。打扫卫生的劳动制度由来已久，是学校劳动教育的重要组成部分。然而由于安全教育的加强、劳动观念的变化、家庭结构的改变，校园内学生的卫生活动在减少、减弱。但卫生劳动是中华民族的优良传统，能促进学生身心全面健康成长，在新时代的今天依然重要。卫生劳动资源指对包括教室、食堂、宿舍、操场、图书馆等在内的所有校园场所开展的清洁收纳、垃圾分类等劳动资源。这类劳动能让学生出力流汗，为校园的整洁奉献自己的力量从而热爱学校，保护整洁的环境，培养乐于从事必要的简单劳动的习惯，其成果主要取决于肢体动作的效率。

（2）种植养殖劳动资源

学校可根据季节特点选择种植劳动，如种植一些多年生植物，或种植一些季节性植物，还可根据地方气候特点，选择种植一些蔬菜、瓜果。学校在春秋两季可以举办"果园节"，全体学生参加学校植树，且小学四年级学生要帮助一年级学生植树；学生相互交换从家里带来的各种果树苗，有些栽在学校里作为友谊的活的纪念物；在上学的第一天，毕业班的学生祝贺一年级学生加入学校大家庭，举行传统的仪式——栽植"永恒的学校友谊树"，毕业生跟新同学同栽一棵树苗。

学校可以选择饲养一些鱼、鸟、兔子、小鸡等小动物进行养殖劳动，让学生学习照顾小动物的知识与技能，培养其善良与爱心。有条件的学校还可以饲养一些经济类动物，如羊、猪、牛、马等，教会学生饲养的技术，为他们以后的职业生涯奠定基础。另外，学校可以收养被遗弃的流浪狗、流浪猫，并与宠物医院协作，保证动物的健康，让学生来照顾这些可怜的动物，培养他们照顾动物的能力与同情心，还可以号召家长和社会人士来领养。

（3）手工艺劳动资源

学校可以结合当地特色工艺进行选择。①特色工艺与传统工艺。如广州的"三雕一绣一彩"（玉雕、木雕、牙雕、广绣、广彩）等。②纸艺。如纸花、剪纸、纸本、纸制玩具、纸制模型、纸制文具、纸制家具等的制作，小刀、剪刀等工具的使用，纸的制造法等的研究，等等。③竹工。如竹制玩具、模型、文具、家具等的制作，锯、斧、刨子等工具的使用，竹器、藤器的制造法等的研究，等等。④土工。如土制玩具、模型、文具、建筑料等的制作，批灰刀、水准仪等工具的使用，瓷器、陶器的制造法等的研究，等等。⑤木工。如木制玩具、模型、文具、家具等的制作，墨斗、凿子等工具的使用，木器的制造法等的研究，等等。⑥金工。如金属玩具、用具等的制作，扳手、螺丝刀等工具的使用，金属器具制造法的研究，等等。⑦纺织。如运用各种材质的线、绳、布料、纤维制作玩具、文具、衣服、家居用品等，缝纫机等工具的使用，编织法等的研究，等等。⑧烹饪。如制作家常菜肴，学习使用锅、灶等工具与烤箱、微波炉等电器。⑨家用器具、家具、电器的简单修理。

2.手工劳动资源的开发主体

卫生劳动资源的开发主体由课程专家、学校行政人员、教师、学生和家长等构成，其中以教师和学生为主。教师参与劳动会对学生的劳动积极性产生重要影响，同时还可协助学生或承担学生做不了的工作。民国时期的燕子矶国民学校十分重视教学生做事，改造学校，改造环境。打扫、泡茶及一切常务都由师生分任，学校没有门房，没有听差，没有斋夫。

种植养殖资源的开发主体是全校师生，总体上以学生为主、以教师为辅。种植养殖的具体类别和活动形式可让学生商量决定，种植养殖的场所、技术、经费及遇到的其他问题需要教师辅助解决。学校的生物教师是重要的力量，学校也可另请一些农科院的专家来做技术指导。

手工艺劳动资源的开发主体是全校师生以及社会上的优秀手工艺人。手工艺劳动的种类选择可结合地方与学校的实际情况，与学生协商决定。手工艺劳动对指导教师提出了较高的专业要求，教师要有一定的实践操作能力与经验才能胜任。劳动教育教师必须接受过手工艺劳动的基本训练，还可以邀请美术专业的教师，具有手工艺特长的教师，或是民间手艺人来授课。

（三）手工劳动资源的利用方式和学段要求

1.手工劳动资源的利用方式

卫生劳动资源的利用主要以班级活动或小组活动的形式进行，主要采用实践体验的方式。卫生劳动主要利用每天预留的劳动时间、放学时间、课间、每周的课外活动时间、劳动周等时间进行，不需要开设单独的课程。另外，卫生劳动也可以采取校本课程的形式进行，每个年级都开设，每周1~2课时。学校可根据学校特色和学生特点，打造卫生劳动教育方面的课程，以学校公共卫生及学生个人卫生作为主要内容，以活动的方式开展。要注意活动开始时的引导与结束时的反思。卫生劳动开始前，说明轻视简单体力劳动的危害，让学生懂得卫生劳动的意义和价值，掌握卫生劳动实践操作的程序、规则和正确使用工具的方法、技术。卫生劳动结束时，让学生总结交流，反思卫生劳动的收获与不足，体会环境整洁带来的快乐，使学生在劳动中获得成长。

种植养殖劳动资源的利用主要以小组活动的形式进行，采用实践体验方式。种植养殖劳动可以在学校的第二课堂（兴趣小组）、节日、常规活动时间或是放学后的时间进行。种植养殖劳动开始前，让学生了解劳动的具体内容及意义价值，劳动实践操作要注意的事项，保证自己的安全，学习科学的种植养殖方法和技术。因为种植养殖劳动需要长久持续进行，当进行到一个阶段如期中或期末时，让学生进行总结交流，反思劳动中的经验与不足，体会劳动带来的生命喜悦感，使学生感受劳动的快乐。

手工艺劳动资源的利用主要采用班级授课的形式，面向全体学生，可将理论讲解与实践体验相结合，也可以兴趣小组选修课的方式开设多样的手工艺劳动。在授课过程中要有一定的理论讲解与实践操作，课程结束后要将材料整理好，有序收回。作品完成后需要对学生的作品进行展览与评价，让学生进行经验总结与交流，体会手工艺劳动带来的成就感与幸福感。

2.手工劳动资源的学段要求

卫生劳动一般要求全体学生参与，这是所有学段的学生共同的劳动，也是学校进行的最简单、最基本的劳动。同样的卫生劳动，应注意小学低年级劳动的时间、任务适当减少。在各个学段进行的卫生劳动中，学校应整合劳动教育和安全教育，定期排查校园安全隐患，建立校园安全管理机制，履行卫生劳动安全的管理与监督职责。教师则应制定班级安全管理机制，向学生讲解潜在的校园安全问题，帮助学生建立卫生劳动安全意识和掌握相关知识。家长也应积极配合，共同承担对儿童进行卫生劳动安全教育责任。

种植养殖劳动在不同学段要有所区分。小学阶段，无论是种植劳动还是养殖劳动，应以教师为主进行全面安排统筹。小学低年级，种植的种类宜少，主要让学生体验参与劳动的过程；养殖劳动以养殖没有危险的小动物为主。小学中高年级，扩充种植的种类，可以种花、种菜、种树，也可以放手让小组去管理一块种植地；养殖劳动以养殖小动物为主，种类宜少。初中阶段，以学生为主体，学生自主计划，适当开展一些种植养殖活动；根据学校需要，每年定期参与树木种植与维护，养殖一些经济类牲畜，救助小动物；结合学科需要开展一些必要的种植养殖活动。高中阶段，学生可自行规划，开展少量的种植养殖活动，可以结合学生兴趣或学科需要，开展一些种植养殖活动。

手工艺劳动主要集中在小学阶段，初中阶段可以开设少量的手工课程。小学阶段以手工艺劳动活动为主。小学低年级，主要熟悉土（包括各种制作泥）、纸、布等材料的特征，利用这些材料制作玩具、模型、文具等比较简单的器物。小学中高年级，熟悉木、竹、简单金属材料等的特征，利用这些材料制作玩具、模型、文具、家具等有些许难度的器物，学会相关工具的安全、正确使用。可根据学校特色进行选择性学习，这样在学生掌握某项技能的同时也能突出学校特色。如芬兰小学阶段的手工艺劳动以纺织与木工为主，三年级学生开始学习使用锯、刨子等工具，并按照自己的设计制作木船等；苏霍姆林斯基学校的艺术教师组织了一个民间刺绣小组，该学年末，其所教的学生就能穿着自己亲手绣花的乌克兰式衬衫来参加全校的学年结业典礼。初中阶段，运用材料制作实用家具，开展一些建筑工作，维修家用器具、家具、电器等。高中阶段，较少涉及手工艺劳动。另外，注意劳动教育不做性别的区分，应面向全体学生。

三、机器劳动资源的开发与利用

机器劳动是现代化大生产的主要劳动形式，是新时代生产劳动的重要形式。学校劳动教育资源有必要引入一定的机器劳动资源，让学生提前接触真实的社会大生产，体验职业生活，为未来从事机器生产劳动奠定初步的认识与技能基础。

（一）机器劳动的概念和分类

1.机器劳动的概念

18世纪60年代，人类社会开始第一次工业革命，由农耕文明向工业文明过渡，手工生产力上升为机器生产力，部分体力劳动被取代。机器劳动提高了劳动生产率，促进了劳动者的解放。机器劳动是指以机器作为工具开展劳动，由看管工作机的人来完成的辅助作业。机器劳动资源指机器劳动涉及的各种资源。机器劳动要求一部分劳动者具备能够承受高强度重复劳动的身体素质，有遵守规则的劳动态度和从事工厂生产流程中某一部分固定工作的简单技艺，要求另一部分劳动者掌握先进的科学技术，即劳动者的总体素质是"体力和脑力并举"[①]。学生从事一定的机器劳动，有助于培养学生一定的劳动能力，进行职业启蒙，加深学生对社会生产生活的真实认识，增强社会责任感。

2.机器劳动的分类

在基础教育阶段可以开展的机器劳动主要有以下类型。①金属加工、机械设计和模型制造劳动，这些劳动需要使用虎钳、车床、钻床、铣床、刨床等机器及装配台案。②木头等材料的加工劳动。这些劳动需要电锯、圆形锯、木工车床等，这些工具可以把木头锯成各种不同形状，以准备好进一步加工的材料。③电气安装和无线电技术方面的劳动。这些劳动需要用到电熔化炉、电焊烙铁、小型金属切削机床、机械细工锯、交流电动机、变流器、蓄电池充电设备等。

（二）机器劳动资源的开发主体、利用方式和学段要求

1.机器劳动资源的开发主体

机器劳动资源的开发主体是全校师生以及社会上的专业人士，要注意发挥学生的主体作用，可以让高年级学生担任兴趣小组的组长，教师进行辅导。机器劳动的种类选择可结合地方与学校的实际情况，并与学生协商决定。机器劳动对指导教师提出了较高的专业要求，教师要有一定的实践操作能力与经验才能胜任。劳动教育教师必须接受过机器劳动的基本训练，还可以邀请物理、化学等专业的教师，有某些机器操作特长的教师，或是社会上一些企业的专业技术人员来授课。

2.机器劳动资源的利用方式

机器劳动资源的利用主要以兴趣小组为单位进行，机器劳动属于个

---

①毕文健.新时代劳动形态下劳动者及劳动教育的新审思[J].职教通讯,2020(6)：15-23.

人可选择的发展课程，采用实践操作方式。机器劳动面向部分学生，主要作为选修课程。这些课程要有专业的任课教师，需要专门的教室以及劳动所需的机器设备与授课材料。有些机器设备需要购买，有些机器设备和装置教师可以带领学生一起着手设计与制作。在授课中要有一定的理论讲解，以实践操作为主。操作中一定要注意各种机器的安全注意事项，确保安全。课程以完成作品为目的，作品完成后需要对学生的作品进行展览与评价，让学生进行经验总结与交流，体会机器劳动带来的真实感与成就感。

3.机器劳动资源的学段要求

机器劳动在小学、初中、高中都可以开展。小学阶段可以进行金属加工、机械设计、模型制造、木头加工等劳动，为学生提供特制的工具，让学生在保证安全的前提下，学会使用各种机器，并完成一定的任务。如芬兰小学三年级开设纺织课，学生在教师的指导下使用缝纫机制作各种布艺品，如靠垫。中学阶段可以增加电气安装和无线电技术等方面的劳动，如装配收音机、小型发电机等。有连贯的完整学制的学校可以采取混龄活动的方式。如帕夫雷什中学的少年装配钳工小组，由一个十年级、一个九年级、三个八年级、三个七年级、一个五年级、一个四年级、两个二年级的学生组成，他们一起装配铁路模型、起重机模型，年幼的学生可以完成拆卸和清洗旧零件工作。高年级学生会为低年级学生制作一些设备与装置。高年级（从七、八年级开始）学生同五至八年级学生一起为低年级学生制作了两辆微型汽车，装设了两座儿童电站，制造了40多套儿童工具。此外，还为低年级学生制作了整地、播种、收割用的机械，如粗耕机、播种机、脱粒机、扬谷机、收割机等。

四、智能劳动资源的开发与利用

在学校教育中，让学生从事一定的智能劳动很有必要，这是从根本上消灭信息社会劳动门槛提高所带来的劳动排斥的最重要的路径。智能劳动资源是新时代学校劳动教育资源的重要组成部分，是让学生与时俱进、紧跟社会生产发展的必要教育资源。

（一）智能劳动的概念和价值

1.智能劳动的概念

20世纪后期，以智能化为主要特征的第四次科技革命兴起。智能劳动通过人与智能机器的合作共事，扩大、延伸和部分取代了人类专家在制造过程中的脑力劳动，改变了人类生活的方方面面。当前，智能劳动水平是衡量一个国家创新能力和核心竞争力的标尺。智能劳动是指从劳动目标出发，由人类专家和智能机器共同组成人机一体化智能系统，通过模仿人类大脑，完成"从感觉到记忆和思维的过程"与"行为和语言的表达过程"，实现拟人的智能化劳动，从而创造智能产品和其他产品的过程。智能劳动资源是指以信息技术、人工智能技术等作为工具开展劳动涉及的资源。

2.智能劳动的价值

智能劳动能提高劳动生产率，使劳动者得到进一步解放，劳动对象拓展为"实体物质+信息数据"。劳动者更多地依赖于知识、技术和智慧，劳动方式逐渐自由化，这种自由劳动者状态，在一定程度上实现了马克思的设想："在共产主义社会里，任何人都没有特殊的活动范围，而是都可以在任何部门内发展，社会调节着整个生产，因而使我有可能随自己的兴趣今天干这事，明天干那事。"[①]这是新时代最新的劳动形态，呈现了共产主义社会理想劳动者的状态，因此是学校劳动教育不可忽视的组成部分。智能劳动资源的开发与利用能帮助学生了解技术，消除恐惧，做智能时代的主人；能培育积极的劳动精神，创造条件让学生参与各类创新型、创造性劳动；能开启面向未来的劳动学习与探索，为学生适应未来社会的劳动形态与职业生活的需要奠定基础。学校对智能劳动人才的培养也促进了新时代劳动教育新方向的形成，智能劳动在小学、初中、高中都很重要。

---

①马克思恩格斯文集：第1卷[M]．北京：人民出版社，2009：53．

（二）智能劳动资源的分类和开发主体

1.智能劳动资源的分类

智能劳动要求劳动者的素养向智慧化方向发展，要求劳动者不仅要具备专业领域的技术能力，而且要具备各个行业智能劳动普遍需要并要求日渐提高的基本数字技能、编程、网络安全管理等通用性技能，具备分析能力、沟通技巧、将数字信息应用于客户的能力，以及更好、更敏捷的管理和领导技能。如德国学校中纳入了云存储技术、大数据统计与分析、数字生产工具（3D打印、激光切割机等）、机器人智能操作、智慧家居、智能手机、智能手表、人工智能的基本技术和基本原理以及以卫星图像提取和机器学习为代表的数字化的研究方法和计算机编程等内容资源。

从我国现状出发，智能劳动资源可分为两类：①国家设置的信息技术课程（通用技术）；②根据信息技术设置的一些智能劳动课程，如一些学校开设的3D打印课、编程教育、机器人课程、AI课程等。美国几乎所有的大中小学都开设了3D打印课程，中国上海和田路小学、江苏省海安高级中学等也开设了3D打印课程。

2.智能劳动资源的开发主体

智能劳动资源的开发主体是教师与高校专家及社会专业人士，他们紧密协作，才能完成智能劳动资源的开发任务。劳动教育教师通过学习后可以运用成熟的软件来上课。另外，劳动教育教师可与相关专业人士合作，共同开发校本智能劳动课程。劳动教育教师要接受专业培训，或者由计算机专业的教师来担任。

（三）智能劳动资源的利用方式和学段要求

1.智能劳动资源的利用方式

智能劳动资源的利用主要采用班级授课与小组活动的形式，采用理论学习与实践体验相结合的方式。可将智能劳动资源与计算机课程相融合，面向全体学生，采用班级授课形式；也可面向一部分学生，以兴趣小组、选修课的形式开设。智能劳动课程采用理论学习与实践体验相结合的方式，应有专门的任课教师、专业教科书、专门的实验教室与设备，以及必要的耗材与工具。在授课中要有一定的理论讲解，更重要的是让学生实践操作与实践应用。如无人驾驶编程课，让学生先系统学习理论课程，然后编程并实践训练无人车的无人驾驶；机器人编程课，让学生在理论学习的基础上可以拆装"搬运机器人"，并进行编程，培养学生的动手能力，同时还可让学生在实践中了解"搬运机器人"的应用；柔性生产线、仓储物流、无人超市等，充分扩大学生的知识面。竞赛是评价的一个重要方式，可以组织学生进行校际交流展示、国际比赛，从而培养新时代学生的思维方式、创新意识、综合能力和科技人文素养。

2.智能劳动资源的学段要求

智能劳动要从小学就开始着手，培养学生的逻辑思维；初中阶段对应的课程内容可涉及人形机器人的基础理论，语音交互、智能感知、智能决策图形化编程软件等知识；高中阶段对应的课程内容可包括Python编程、开源主板应用、变形机器人搭建等高阶课程。随着年级的升高，内容应循序渐进，难度逐渐增加。

不论是哪种劳动教育资源，都需要教师进行开发与利用。一所学校里，每个教师都应当有从事某项劳动的热情。

第二节　新时代社会劳动教育资源开发与利用

社会劳动教育资源是指在社会范围内一切可供利用的劳动资源。它可以弥补学校劳动教育资源的不足。每个人都是社会成员之一，在社会这个大集体中，在享受社会给予个体的权利的同时又要为社会作贡献，个体要掌握一定的生产劳动知识和树立一定的服务意识。因此，在开发社会劳动教育资源时，要立足于个体掌握的生产劳动知识和树立的服务意识。社会劳动教育资源主要涉及生产劳动和服务性劳动。生产劳动主要以第一、二产业为主，目前社会上方便获取的资源有劳动实践基地资源和乡土劳动教育资源；服务性劳动主要指第三产业，目前社会上方便获取的资源有社区劳动教育资源和城镇职业体验资源。下面将从劳动实践基地资源、乡土劳动教育资源、社区劳动教育资源、城镇职业体验资源这四类资源的开发与利用展开论述。

一、劳动实践基地资源的开发与利用

从现实情况看，中小学劳动实践基地的建设工作并不乐观，但劳动实践基地的建设可以使学生的劳动活动更加丰富、更加便捷，应对其予以重视。

（一）劳动实践基地资源的分类与开发主体

劳动实践基地资源主要包含特意建设的以培养学生劳动素养为基础、以提高学生劳动能力为目标的场所，让学生能够走出家庭和学校，到专门的劳动实践基地进行的有组织、有计划的劳动实践行为。在实践基地对学生进行劳动教育，为学生构建一种开放的学习环境，为学生提供获取知识的渠道，并让学生将学到的知识加以综合运用。劳动实践基地资源涉及劳动产品的制作过程、分享与交流过程，并让学生最终学到劳动技能，引导学生关注自然、关注社会，形成积极的人生态度。因此，劳动实践基地资源的开发具有重大意义，它带来学生学习方式的重大变革，对学生健全人格的形成具有不可估量的影响。

1.劳动实践基地资源的分类

劳动实践基地资源大致可以分为两类：一类是由学校开发的劳动实践基地，供本校学生体验劳动活动，培养正确的劳动价值观。学校在校园内通过开设属于每个班级的"开心农场"等实践基地，可以给学生提供良好的劳动教育，有效地拓宽培养学生创新精神和实践能力的途径，也可以给教师、学生提供自主管理的平台，使师生更深刻地理解劳动教育的内涵。另一类是学校附近的工厂、农场、企事业单位、商业场所、生态园、农业种植园等场馆和劳动实践场所，学校可与这些场所合作，形成中小学生校外体验馆和劳动实践活动基地。校外劳动实践基地从无到有呈现良好发展趋势，这一过程中所遇到的困难也是巨大的，但建设校外劳动实践基地有利于学生的劳动教育，势在必行。

2.劳动实践基地资源的开发主体

劳动实践基地资源的开发主体是实践基地管理员、家长、教师和学生。大力加强对校外劳动实践基地建设的宣传，使各级领导，特别是校长提高认识，从而加大重视、支持校外劳动实践基地建设的力度。

（二）劳动实践基地资源的利用方式和学段要求

1.劳动实践基地资源的利用方式

劳动实践基地资源的利用主要以实际操作的方式进行，注重学生劳动能力的培养。学校可以聘请基地管理员，负责基地的日常管理和维护。学生在基地活动时，基地管理员要做好配合工作，对学生进行知识传授和劳动示范，在学生实践过程中进行技术指导。学生在基地参加劳动活动时要注意安全，教师和家长也要对学生进行安全知识教育。学校、教师组织不同年级的学生参加与其身心发展相适应的劳动实践活动，充分发挥实践基地的劳动实践教育功能，在活动中让师生共同参加，注重对学生劳动习惯和创新精神的培养。

2.劳动实践基地资源的学段要求

各学段学生均可参与在劳动实践基地的实践活动。实践活动的内容应针对不同学段分别设置。要依据学生的认知特点，做到难度螺旋式上升，适合各学段的学习要求。

二、乡土劳动教育资源的开发与利用

陶行知曾提出"生活即教育""社会即学校""教学做合一"的思

想，积极倡导生活教育活动。[①]劳动教育应植根于生活，接地气，接近学生实际，而乡土资源就是进行体力劳动最合适的资源。乡土资源是一座具有巨大发展潜力的课程资源库，超越了教材和校内资源的范围，为学生的劳动教育提供了更多的素材。学生长期居住的地方往往对学生的发展具有优先、深厚、全面的影响，比如当地气候等自然环境因素对学生自然意识的养成具有重要影响，是学生发展和教育不可忽视的重要资源。由此可见，乡土资源除具有潜在性、多质性、广泛性等各类课程资源的共性外，还具有审美性、地域性、风土人文性、民俗性等特征。我们可以根据地域文化的不同，以贴近本地生活的项目为载体开发乡土劳动教育资源。

（一）乡土劳动教育资源的分类和开发主体

乡土劳动教育资源是对自然存在于当地的农林牧副渔等产业，根据劳动教育的需要进行有目的的开发与利用，以培养学生劳动知识、劳动技术与劳动精神的资源，这种资源主要集中在农村或是城郊。乡土劳动教育资源是适合学生实际需要的，或处于自然分散状态下的地方劳动教育资源。它是教材资源的一个重要补充，特点是就近、便捷、有特色。学生所处的环境作为重要的教育资源，其教育价值已为越来越多的教育工作者所重视，环境的教育价值更为突出。对乡土劳动教育资源进行开发与利用，可以激发学生对家乡的关注与热爱，培养学生的爱乡之情，得以将乡土文化传承和发扬。

1.乡土劳动教育资源的分类

乡土劳动教育资源包括当地特色农产品、名胜古迹、劳动模范等。在培养学生劳动能力和劳动精神的形势下，将乡土劳动教育资源进行有机整合，形成学校、家庭、社会联动的教育格局，从而更好地开展劳动教育，使每个学生都能树立正确的劳动观念，养成良好的劳动习惯和品

---

①徐辉.再论蔡元培、陶行知、吴玉章、晏阳初的劳动教育思想及启示[J].辽宁师范大学学报(社会科学版),2021,44(01):58-63.

质，培养热爱生活、热爱家乡的情感。

农村学校可以利用地处农村的优势，以田园课程实施为契机，有效探索学生劳动教育新内容和新机制，如开展种植活动、养殖活动、泥巴课堂、农耕文化体验活动等。在这样的活动中，学生既可以体验"锄禾日当午，汗滴禾下土"的辛苦，又能够懂得"谁知盘中餐，粒粒皆辛苦"劳动成果的来之不易；既培养创造精神和热爱生活、热爱劳动的品质，又在合作探究中学习了数学等学科知识。

2.乡土劳动教育资源的开发主体

乡土劳动教育资源的开发主体是学校、教师、家长和学生，这几个主体共同参与才能更好地开发资源。乡土劳动教育资源的开发过程是多元主体共同参与的过程。只有每个主体合作，共同参与，才能对乡土劳动教育资源进行实际意义上的开发。学校一般处于开发的主要地位，因此，学校应该充分发挥主观能动性，以强烈的责任和使命感，解放思想，开拓进取，采取有力举措处理各种关系，能动地架构、和谐地调节各主体之间合作互动的各种变量。

（二）乡土劳动教育资源的利用方式和学段要求

1.乡土劳动教育资源的利用方式

乡土劳动教育资源的利用以参加实际活动为主。生活在城镇的学生与生活在乡村的学生所处的环境相差比较大，学校在开展劳动教育时，可以让城镇的学生和乡村的学生互换体验生活环境，让城镇的学生体验劳动的艰辛、生存的不易，让乡村的学生感受科技的进步与劳动人民的辛苦息息相关。学校和有关教育部门可开发农业、非物质文化遗产等具有地方特色的劳动教育资源，聘请非物质文化遗产专家到学校讲解非物质文化的产生过程以及蕴含价值等。本着共享教育的理念，城市的学生可以将城市的特色产品回馈社会，或是寄给山村的贫困小学，促进共享共建、互惠发展。在这个过程中，还可以渗透"感恩教育"的理念。

2.乡土劳动教育资源的学段要求

小学、初中、高中每个学段都要安排一定时间的农业生产、工业体验、商业和服务业实习等劳动实践。小学低年段主要培养学生的乡土情怀，了解自己所在地区的特色。小学高年段可以学习一些农业生产技术，如割稻、收麦子、挖红薯等。初中学段则由教师带领参与特色的田间活动或乡土特色活动。高中学段主要是开展有关乡土特色的社会调查，收集资料，经过小组讨论，得出研究结论。其中，城镇学校可结合实际情况，组织学生参加劳动与志愿服务，农村学校可结合实际情况在农忙时节组织学生进行适当的农业生产劳动。

开展乡土劳动教育可以培养学生的劳动素养，帮助学生建立从服务自我到服务他人，再到服务社会的自觉认识。教师应培养学生养成良好的劳动习惯，帮助学生掌握相应的劳动能力，尊重他人劳动，激励学生热爱劳动、崇尚劳动，学会创造性劳动，最终树立服务社会、报效祖国的信念。

三、社区劳动教育资源的开发与利用

新时代劳动教育内涵更丰富、延展性更强，需要学校、家庭和社会相互配合。教师可以在保障安全的前提下，让学生适度参与社区服务和实践，学习劳动知识，培养劳动精神。社区作为学生的日常生活空间与校外教育活动范围，是他们最为熟悉的环境，其蕴含着丰富的劳动教育资源，对学生有着直接或间接的各种影响。

社区中的产业经济、人际关系、社区活动对学生丰富社会知识、培养社会技能、确立社会思想起着直接的促进作用。

（一）社区劳动教育资源的分类和开发主体

社区劳动教育资源是指城镇居民生活居住区内一切蕴含劳动知识技能与劳动精神的资源，主要集中于城市居民生活区。这里的社区主要是指自工业革命以来，人类社会都市化进程下形成的城镇社区与城市社区。社区劳动是指学生在教师的指导下走出教室，参与社区活动，以自

己的劳动满足社会组织或他人的需要。社区劳动教育旨在增强公共服务意识和担当精神，体现服务性劳动的属性。社区中有许多资源对学生的劳动教育起着重要的作用，如家政服务、社区治安巡逻、社区值日等。这些资源的合理开发与利用有利于学生形成良好的人际关系和爱护公物、勤于劳动的优秀品质。

1.社区劳动教育资源分类

社区劳动教育资源包括社区劳动实践、社区劳动模范事迹、社区公益活动、社区志愿服务、社区治安巡逻等。对这些资源的合理开发与利用有利于学生树立正确的劳动价值观，有利于促进学生对相关劳动技能的掌握，提升学生的劳动实践能力，使学生成为履职尽责、敢于担当的人。教师可以定期带领学生进入社区，用实际行动维护社区环境，助力文明社区的创建，这样可以让学生热情高涨、干劲十足，积极投入到志愿服务活动中。在社区环境整治中，学生可以做到分工明确、有条不紊。在劳动过程中，社区工作人员可以向学生讲解花坛中各类植物的名称及功效，学生通过志愿服务活动的方式，收获许多有趣的生物知识。经过学生的努力，社区花坛会焕然一新。由此教育学生要从自我做起，从小事做起，自觉维护社区环境，提高自身文明素质，为文明社区工作贡献自己的力量。

2.社区劳动教育资源的开发主体

社区劳动教育资源的开发主体是教师、学生、社区工作人员以及一些专业人员，有时也需要学生家长的参与。教师要充分利用社区资源，把社区资源转变为劳动教育课程资源。如教师可以带领学生到社区的少年宫去上课，让学生感受在不同的氛围中学习的乐趣；可以把各行业的专业人员请到学校，为学生讲解行业相关知识。社区工作人员要积极配合学校工作，满足学校劳动教育的需要。如组织社区活动时可以请教师、学生、家长来参加，这样既能培养学生的动手能力，也能增进学生与教师、家长的感情。既达到了教育的目的，也让学生的情感得到升华。注意在一些需要专业人士操作的情况下应提前联系相关人员，为劳动教育做好铺垫工作。

（二）社区劳动教育资源的利用方式和学段要求

1.社区劳动教育资源的利用方式

社区劳动教育资源的利用方式以教师、学生和家长共同参与活动为主。学生接触信息的手段日益全面和多样化，这对社区劳动教育资源的开发提出了新要求，新的资源既要立足社区实际，也要充分考虑学生的兴趣和接受能力。为了进一步体现社区资源在劳动教育中的作用，促进学生健康全面发展，学校可以开展"劳动进社区"系列活动，这样的活动通过学校与社区的结合带给学生全新的体验，促进学校与社区之间更深入有效的沟通与交流，促进学生健康成长。在开展活动时，应由教师带领学生走进社区，共同参加，让学生体验劳动的不易。学校要充分利用社区劳动教育资源，为学生拓宽视野、增长知识。同时，学生走进社区，融入社区，零距离、全方位地了解社区的文化，学习劳动最光荣的精神。学校要不断丰富此类活动，让学生获得更多的知识技能，增长能力，提升素养，促使学生全面发展、健康快乐成长。

2.社区劳动教育资源的学段要求

小学低年级学生年龄尚小，其社区劳动主要以培养劳动意识、感知劳动乐趣为主。如爱护社区的花草树木，学会清洁、整理社区的草坪，学会制作简单的宣传标语，学会分发社区活动宣传单等。小学中高年级学生可以适当参加社区环保、公共卫生等力所能及的公益劳动，增强社会服务意识。初中生与高中生要定期参加社区组织的活动，体会劳动创造美好生活，养成认真负责、吃苦耐劳的劳动品质和安全意识，增强公共服务意识和担当精神，初步形成对社区负责任的态度和社会公德意识。如在社区开展家庭消防安全知识宣传活动，协助社区工作人员向居民分发消防知识宣传册；结合居民日常用火、用电、用气的情况，宣传在楼道充电等不当行为的危害，讲解油锅火灾、煤气火灾的正确灭火方法及使用灭火器等消防安全知识。高中生要积极参加大型赛事、社区建设、环境保护、志愿服务等公益活动，强化社会责任意识和奉献精神。

四、城镇职业体验资源的开发与利用

城镇地区相比农村地区有完整的职业就业体系，职业门类齐全，要立足城镇职业类别进行劳动体验教育，让学生在理论与实践的基础上进行职业体验。中小学重视职业体验教育，进行职业体验课程规划与实施，密切关注中小学生与社会的联系，目的是要引导中小学生树立正确的职业观、劳动观和人生观，培养其生涯规划、实践创新的意识和能力，激发和培养学生对职业的认识。

（一）城镇职业体验资源的分类和开发主体

城镇职业体验是指学生以从事相应的城镇职业来认识周围事物的过程，它体现了服务性劳动的属性。学生在教师的指导下，走出教室，参与社会活动，以自己的劳动满足社会组织或者他人的需要。学生在职业体验中，获得了自身的发展，促进了相关知识技能的学习，成为履职尽责、敢于担当的人。开发职业体验课程资源，帮助学生根据自身的受教育程度、性格特点、学习能力、身体条件等因素，围绕人生理想、愿景以及价值观取向，进行准确的自我定位，思考人生及职业规划。

1.城镇职业体验资源的分类

包括医生、厨师、警察、律师、银行人员、服务员、会计等职业。在职业体验的基础上开发劳动教育课程资源，引导学生将理论知识与实际工作相结合，可以更好地帮助学生发现自己的特长，培养职业兴趣，提高生涯规划的能力。学校也可将职业体验的具体情况和相关佐证材料记入学生的综合素质评价档案，作为其升学、评优的重要参考。社会上几乎所有的职业都与劳动息息相关，不论是脑力劳动还是体力劳动，参与职业体验都能让学生树立正确的职业观念，为以后的职业生涯打下良好的基础。

新时代劳动教育要求学生对社会负责，学会报答，学校应积极开发城镇职业体验资源，让学生走进银行、律师事务所、职业院校和企业等场所，体验各种职业劳动，引导学生在不同的职业体验中发现自我潜能，懂得不管是体力劳动还是脑力劳动，都能创造幸福生活的道理。比如，在一项名为"我做小掌柜"的职业体验活动中，教师带领学生走进学校附近的菜市场，做半天"小掌柜"，让学生学会介绍蔬菜、使用电子秤、熟练找零钱等技能，了解卖菜劳动的辛苦，体会劳动的幸福感。

2.城镇职业体验资源的开发主体

城镇职业体验资源的开发主体是多元化的，多个主体共同参与。学校在设计职业体验课程时，应充分利用校内校外各级各类资源，形成以政府、学校、班主任、劳动教育专职教师、班干部为主体的劳动教育资源开发团队，并聘请周边企业职工和学生家长担任校外指导教师，共同为学生打造职业体验劳动教育课程，给学生提供全方位的职业体验。学校要在尊重学生个性化发展的基础上，为学生提供不同行业的职业体验资源内容，学校要创设适合中小学生认知特点的真实职业情境和体验岗位，政府也要积极鼓励龙头企业以最新的技术和设备与职业院校、社会共建体验中心。

（二）城镇职业体验资源的利用方式和学段要求

教育工作者在开发城镇职业体验资源时要尊重学生的自主选择，要从学生的实际情况出发，立足学生的实际需求。开发城镇职业体验资源不仅要让学生通过体验，培养生活和自身发展所需要的职业生涯规划意识和能力、创新能力和实践能力，还要使学生形成良好的思想道德品质和健全的人格，树立正确的劳动观、职业观，让学生艰苦奋斗、奉献人民。

1.城镇职业体验资源的利用方式

较为常见的是校企合作。学校可以借助研学基地或专业开展职业体验活动的企业，为各个年级的职业体验设置岗位。岗位的设置应根据职业体验内容、学生能力目标的达成，呈现阶段式递进，活动由简单走向复杂。可以利用周末开展课余职业体验，进行行业社会调查、社区志愿服务。在劳动教育课堂上，教师和学生共同讨论各种职业的要求，教师对每种职业作进一步的详细解释，如工作要求、服装、礼仪等方面的知识，学生根据自己的兴趣爱好或专长选择自己喜欢的职业。学生在参与职业体验劳动中，了解市场对人才的需求，为以后确立就业目标打下基础。

2.城镇职业体验资源的学段要求

小学低年段学生主要学习职业的劳动精神，培养自己的职业兴趣。比如，在体验采购员时，要学会合理消费，货比三家，学会找换零钱，通过采购合适的物品，锻炼胆量，开阔眼界。小学高年段学生要了解不同职业的工作内容，走进劳动者的工作岗位，参与学校组织的职业体验活动，体验劳动的艰辛，感受劳动之美。初中阶段的学生主要培养对不同职业的认同感，体验建筑、服装、玩具等行业的设计师的工作，并选择感兴趣的项目开展设计制作。高中阶段的学生要清楚地认识到劳动没有贵贱之分，任何一种职业都很光荣，对各种职业的劳动人员给予尊重和理解，各种职业的劳动人员都是劳动人民。

以上四种社会劳动教育资源，学校可因地制宜，实现资源利用的便利性、经济性、有效性，同时也需要考虑城乡学生的差异，进行适当互补选择，让乡村学生有机会体验城镇的社会劳动教育资源，让城镇学生有机会体验乡村的社会劳动教育资源，培养不同地区的学生必要的劳动知识技能与劳动精神，为未来的职业规划奠定一个相对完整的基础。

第三节　新时代家庭劳动教育资源开发与利用

劳动教育的全面推进，不仅要开发与利用学校劳动教育资源和社会劳动教育资源，还要开发与利用家庭劳动教育资源。

一、家庭劳动教育资源的内涵与特点

家庭是教育的重要场域，它蕴含着丰富的劳动教育资源。

（一）家庭劳动教育资源的内涵

家庭劳动教育资源指蕴含在家庭中，对劳动教育有价值的、可供开发与利用的资源，大致可分为物质资源、人力资源、心理资源、文化资源和活动资源。物质资源指对家庭劳动教育具有价值的、可供开发与利用的物品与空间，主要指起居生活物品与寓所空间。人力资源指能充当家庭劳动教育者的家庭成员，主要指家长。心理资源主要指家庭成员对劳动与劳动教育的认识、情感与态度等。文化资源主要指对家庭劳动教育有价值的精神与文化存在。活动资源主要指家务劳动。如果说物质资源、人力资源、心理资源与文化资源主要是一种静态的、共时性的存在形态，那么活动资源则是对劳动教育有价值的一种动态的、历时性的存在形态。

（二）家庭劳动教育资源的特点

相对于学校劳动教育资源与社会劳动教育资源，家庭劳动教育资源具有以下基本特点。

1.天然丰富性

家庭是生存与日常生活的重要场所，是培养劳动情感的温床，是养成日常劳动习惯的最佳场所。父母是孩子最亲近的人，也是孩子的启蒙老师。父母在家庭中的劳动态度、劳动行为、劳动习惯会潜移默化地影响孩子。家庭形成的日常劳动文化也是劳动教育的重要资源。

2.日常生活性

日常生活性是家庭最重要的特点，也是家庭劳动教育资源的基本特点。家庭的日常生活性体现为日复一日、年复一年的重复性，体现为家庭日常生活中形成的自然态度、养成的生活习惯。家庭生活世界

不同于科学世界，它不是一个对象化、课题化的世界，而是非对象化、非课题化的世界。在家庭日常生活中，人们形成的是一种自然态度和生活习惯。

3.相对密集性

相对于学校与社会，家庭的空间比较小。家庭空间虽小，但其蕴含的劳动教育资源却十分丰富，具有密集性的特点。密集性不仅体现在空间上的高密度性，如厨房、客厅、卧室、书房、阳台等都可以成为劳动教育场所，也体现在时间上的频繁性，如每天都需要进行家务劳动。

二、家庭劳动教育资源开发与利用的价值与原则

家庭劳动教育资源具有重要的开发与利用价值。

（一）家庭劳动教育资源开发与利用的价值

1.避免家庭劳动教育资源的浪费

虽然家庭蕴含着丰富的劳动教育资源，但是这些资源在现实中并未得到应有的重视，常常为家长所忽视和浪费。由于传统的考试主义和学业成绩至上等因素的影响，许多家长片面追求孩子的考试分数，片面强调孩子的知识学习，而忽视了孩子的全面发展，尤其是劳动素养方面的发展。随着现代化发展、人工智能时代的到来，越来越多的劳动将被机器人取代，因此一些家长越来越觉得劳动的价值在递减，从而轻视劳动教育的价值，忽视孩子的劳动素养的培育。不少家长认为孩子只要在家好好学习，能考高分，做不做家务劳动无所谓，有的家长甚至包办了孩子的一切日常家务劳动。殊不知，这不仅与孩子的德智体美劳全面发展的育人目标相悖，而且培养出来的往往是四体不勤的书呆子。有些家长虽然逐渐意识到劳动教育的重要性，但不知道如何开发和利用家庭劳动教育资源。这种在价值意识上忽视和在方法意识上茫然的状况，直接导致了家庭劳动教育资源的被忽视和浪费。为了避免浪费，有必要充分开发和利用家庭劳动教育资源。

2.有利于家庭、学校与社会形成劳动教育合力

随着国家与教育部门对劳动教育的日益重视，许多学校纷纷响应，充分挖掘学校自身的劳动教育资源，大力推进学校劳动教育发展，这固然重要且有价值。但如果仅仅停留在学校层面，得不到家庭的支持和合作，将会极大地限制劳动教育的全面推进，也使劳动教育难以达到真正的好效果，尤其是学生劳动精神的培育和劳动习惯的养成难以实现。家庭劳动教育资源的开发与利用，有利于推进劳动教育合力，让学生不管在学校、社会还是家庭，都感受到劳动的魅力，体验到劳动的意义与价值。从促进学生劳动素养发展的角度看，家庭劳动教育侧重固本，学校劳动教育侧重提质，社会劳动教育侧重增能。家庭劳动教育资源的开发与利用有助于实现劳动教育的固本功能，为学校劳动教育的提质和社会劳动教育的增能奠定良好的基础。

3.有利于劳动教育生活化与习惯化

家庭不仅是劳动习惯养成的最佳场所，还是劳动价值观培育的温床。对于培养孩子劳动情感、劳动价值观、劳动习惯，家庭劳动教育具有天然的优越性。家长良好的劳动习惯与科学的劳动教育观对孩子具有潜移默化的影响。家庭劳动教育资源的开发和利用就是为了更好地促进孩子劳动素养发展，尤其是良好劳动习惯的养成与正确劳动价值观的树立，从而促进孩子的自由全面发展。

4.促进家庭劳动教育的升级与转型

传统的家庭教育也会包含一些劳动教育内容，但往往是一种无意识的劳动教育。家庭劳动教育资源的开发与利用，有助于促使无意识家庭劳动教育向自觉性家庭劳动教育升级。自觉性家庭劳动教育要求人们不仅要自觉意识到家庭劳动教育的重要性，还要意识到新时代家庭劳动教育的本体性价值与功能性价值。本体性价值指劳动教育对培育学生劳动素养本身的价值；功能性价值指劳动教育促进学生自由全面发展的价值，具体指以劳树德、以劳增智、以劳强体、以劳育美的价值。"一个

人全面发展的基础即孕育于自己所喜爱的劳动之中。"①

家庭劳动教育资源的开发与利用，不仅有助于家庭劳动教育升级，还有助于家庭劳动教育转型，即从资源粗放型劳动教育向资源集约型劳动教育转型。粗放型劳动教育是对劳动教育资源的浅层开发和粗糙利用，集约型劳动教育是对劳动教育资源的深度开发和充分利用。粗放型家庭劳动教育，忽视了家庭劳动教育物质资源、人力资源、心理资源、文化资源与劳动活动资源的深度开发与充分利用。集约型家庭劳动教育，则深度开发和充分利用这五大资源，以促进孩子的劳动素养提升与自由全面发展。

（二）家庭劳动教育资源开发与利用的原则

家庭劳动教育资源开发与利用，需要遵循三大基本原则。

1.教育性原则

教育性原则是家庭劳动教育资源开发与利用的价值原则，也是首要原则。家庭劳动教育资源的开发与利用，从根本上说，是为了促进学生的劳动素养提升和自由全面发展，即实现劳动教育的本体性价值和功能性价值。任何家庭劳动教育资源的开发与利用，都要为这两大目的服务。只有致力于学生的劳动素养提升和自由全面发展，家庭劳动教育资源的开发与利用才具有合法性，才具有教育性，才能避免"有劳动无教育"的弊端和陷阱。

2.主体性原则

教育既是资格化、社会化也是主体化的实践。家庭劳动教育资源的开发与利用，要以学生的健康成长为中心，充分体现学生的主体性，要让学生在劳动教育中感受和体验到自身的主体性力量，在劳动教育中感受到自由、愉悦和美感。只有主体性原则才能充分激发学生劳动的兴趣和爱好，才能让学生在劳动教育中体验劳动的光荣、劳动的崇高、劳动的伟大和劳动的美丽。

---

①蔡汀,王义高,祖晶.苏霍姆林斯基选集:五卷本第5卷[M].北京:教育科学出版社,2001:220.

3.适切性原则

家庭劳动教育资源的开发与利用不能千篇一律，而要因地制宜。城市家庭与农村家庭不同，城市家庭之间、农村家庭之间也存在着差异。每个家庭要根据自身的具体情况和孩子的特点进行适切性的开发与利用。如果说教育性与主体性是家庭劳动教育资源开发与利用的价值原则与实践原则，那么适切性则是方法原则。

三、家庭劳动教育资源开发与利用的路径

根据量、质和结构三个基本向度，可以把家庭劳动教育资源开发与利用的具体路径分为三个方面：丰富家庭劳动教育资源、提炼家庭劳动教育资源与优化家庭劳动教育资源。丰富家庭劳动教育资源，侧重增加家庭劳动教育资源的数量和种类；提炼家庭劳动教育资源，侧重提升家庭劳动教育资源的质量；优化家庭劳动教育资源，侧重优化家庭劳动教育资源的结构。

（一）家庭劳动教育物质资源开发与利用的路径

家庭是日常生活的寓所，学生每天与家里的物品打交道，与物品形成了熟悉而亲密的关系。家庭劳动教育物质资源，是有温度、有情感、有丰富具身体验的日常用品和生活空间。根据家庭物质空间的属性与功能，可以把家庭物质空间分为卧室、客厅、厨房、书房、浴室与阳台等。这些空间都可以开发成劳动教育空间。开发与利用这些空间，就是要赋予这些空间以劳动教育的属性，就是要将它们打造成劳动教育的场所。卧室能为劳动教育提供日常生活性劳动场所，客厅能为劳动教育提供服务性劳动场所，厨房能为劳动教育提供烹饪劳动场所，书房能为劳动教育的学习方面提供劳动场所，阳台能为劳动教育的盆景种植等方面提供劳动场所，浴室能为劳动教育提供清洁劳动场所。家庭劳动教育物质资源开发与利用的目标，是为家庭劳动教育提供充足的、有效的、高质量的物质环境、劳动工具和劳动材料等资源。可以从以下几个方面对家庭劳动教育物质资源进行开发与利用。

1.丰富家庭劳动教育物质资源

从学生发展的立场和劳动教育的价值取向层面丰富家庭劳动教育物质资源。例如，在阳台，根据学生的兴趣，添置一些观赏性的盆景，让学生负责浇水、修剪等；在厨房，根据学生的学段和身心特点，添置一些烹饪劳动工具；在书房添置一些收纳箱和书柜，让学生自己整理书籍和玩具；在客厅添置一些方便洒扫的工具；在卧室里添置方便整理衣服的衣柜；等等。俗话说"巧妇难为无米之炊"。苏霍姆林斯基也认为，劳动教育的成功，要靠以适当的方式配备物质基础。家庭劳动教育，需要在家为学生提供丰富的、有效的、合适的物质基础和工具设施，以便学生在家劳动。从学段来看，小学低中年级主要需要丰富自我服务性的物质资源。"自我服务，这是最简单的一种日常劳动，劳动教育一般都从自我服务开始，而且不管每个人日后从事何种生产劳动，自我服务都将成为他的义务和习惯……只有当一个人从童年起，就养成厌恶肮脏邋遢的自然习惯时，只有当这种习惯变成看待周围环境的、带有情感的审美感时，才有可能产生对待劳动，即对待自我服务的自觉态度。"[①]此外，家庭劳动教育物质资源的丰富要体现简单性和趣味性。例如，低年级小学生的牙刷要设计得美观些、有童趣些，玩具收纳箱要设计得简易些、有趣些，以提高他们的劳动兴趣和劳动效能感；高年级小学生的家庭劳动教育物质资源丰富的重心应从日常自我服务性劳动向家庭服务性劳动转移；初高中阶段可以根据学生的身心特点和发展阶段，适当提供劳动设备和工具的现代性成分和智能成分，以彰显智能时代智慧家庭环境特点。

2.提炼家庭劳动教育物质资源

可以从物质资源的安全性、美观性、价值性三个基本维度对家庭劳动教育物质资源进行提炼。安全性提炼指对家庭劳动教育物质资源进行全面的安检和完善，为家庭劳动教育提供安全保障，如家用电器方面、

[①]蔡汀,王义高,祖晶.苏霍姆林斯基选集:五卷本第4卷[M].北京:教育科学出版社,2001:461-462.

厨房安全问题等。美观性提炼指从美观、舒适的角度提炼家庭劳动教育物质资源，为学生创造一个乐于劳动的舒适环境，让学生体验到劳动的美感。价值性提炼是根据各学段特点和劳动素养目标，对家庭劳动教育物质资源的教育性价值进行提炼。

3.优化家庭劳动教育物质资源

主要是指优化家庭劳动教育物质资源的结构。在优化物质资源的时候，既需要充分发挥每一种资源自身的特点和优势，又需要注意各种物质资源的有机关联，从而实现家庭劳动教育物质资源功能的整合化和最大化。例如，阳台上既可以晾晒衣服，也可以种植盆景。

（二）家庭劳动教育人力资源开发与利用的路径

家庭劳动教育物质资源的开发与利用，为家庭劳动教育提供良好的物质环境、丰富而适切的劳动工具和材料。家庭劳动教育人力资源的开发与利用，则为家庭劳动教育提供优质的师资力量。教师是教育的第一资源，劳动教育也是如此。学校教师虽然能为家庭劳动教育提供指导和建议，但具体的家庭劳动教育实践主要依靠家长。家庭是人生的第一所学校，家长是孩子的第一任老师，要给孩子讲好"人生第一课"，帮助孩子扣好人生第一粒扣子。从家庭劳动教育来说，家长要帮孩子系好劳动人生、幸福人生的第一粒扣子。劳动教育者型家长，是家庭劳动教育人力资源开发与利用的目标。何谓劳动教育者型家长？这是指作为家庭劳动教育者的家长，具备劳动教育者素养的家长。这种家长具备对孩子进行劳动教育的观念、能力和技能。家庭劳动教育人力资源开发和利用，就是要把普通型家长开发成劳动教育者型家长，并充分发挥家长的劳动教育力量，促进学生的劳动素养提升和自由全面发展。

1.丰富家庭劳动教育人力资源

丰富家庭劳动教育人力资源，重在丰富家长的劳动教育观。从古至今，家长在孩子的启蒙教育中充当着重要的角色，在立德树人方面发挥着重要的作用。家长的一言一行都潜移默化地影响着孩子。在新时代

"五育并举"的教育方针的指导下，劳动教育在不断推进，相对于学校劳动教育，家庭劳动教育发展缓慢且滞后。家长的教育观念是其中一个重要原因。丰富家长的劳动教育观，首先要把劳动教育从家长的教育观中突显出来，让家长意识到劳动教育不仅可以提升孩子的劳动素养，还能促进孩子的自由全面发展，认识到家庭劳动教育不仅是必要的，而且是重要的。其次要确立家长作为劳动教育者的身份与角色，丰富家长的劳动教育者形象。城市家庭中，由于工作劳动与家庭生活分割，孩子难以直接深切地感受到家长的辛勤劳动；而以农耕为主的传统农村家庭中，孩子更容易深切地感受到父母的辛勤劳作。因此，家庭劳动教育人力资源开发，要注重家长的劳动者形象的开发和利用，让孩子真真切切地感受到家长的辛勤劳动。最后，家长要丰富劳动教育方法。家庭劳动教育不是空洞的劳动说教，而是要营造浓厚的劳动氛围，在学生面前树立爱劳动的好榜样。苏霍姆林斯基说："树立榜样是劳动教育的一种方法。"①丰富家长的劳动教育观，可以采用多种方式，如采取家长培训的方式、家校共学共研的方式、家长自我学习的方式等。

2.提炼家庭劳动教育人力资源

提炼家庭劳动教育人力资源，主要指提炼家长的劳动教育经验，形成个体性劳动教育精神。家长在教育孩子的过程中会积累不少经验，这些经验中包含着劳动教育经验。首先，家长要学会在实践中反思自己劳动教育经验。家长可以写反思日记，把自己的具体劳动教育案例、经验和反思记录下来。其次，打造劳动教育学习共同体，为家长成为家庭劳动教育者提供支持。例如，建构"家—校—社区"劳动教育学习共同体，交流和学习如何实施家庭劳动教育。最后，劳动教育研究者和学校教师需要支持和帮助家长提炼劳动教育经验。家长在提炼自身劳动教育经验的过程中，凝练成自己的劳动教育理念。

---

①蔡汀,王义高,祖晶.苏霍姆林斯基选集:五卷本第4卷[M].北京:教育科学出版社,2001:529.

3.优化家庭劳动教育人力资源

如果说丰富家长的教育观，侧重把缺失的劳动教育观找回来，是做加法；提炼家长的劳动教育经验，形成个体的劳动教育精神，是做减法；那么优化家长的劳动教育知识与能力结构，则是做乘法。一般而言，家长既需要打通劳动教育理论知识和自身劳动教育经验之间的壁垒，使之共生共融共长，也需要转"识"成"智"，把劳动教育知识转化成一种劳动教育智慧。

（三）家庭劳动教育心理资源开发与利用的路径

"家庭是我们社会的基本细胞，它体现着在经济、道德、精神心理学、审美等方面的诸多人际关系，当然还包括教育方面的关系。然而，只有父母抱着崇高的目的，而孩子心目中他们因这个目的变得崇高并在为之奋斗时，家庭才能成为一种高尚的教育力量。"[①]从某一个意义上说，教育是人与人之间心理关系的力量。家庭心理，主要指家庭成员之间的心理关系。家庭心理既是影响家庭劳动教育的重要因素，也是家庭劳动教育的重要资源。

1.丰富家庭劳动教育心理资源

家庭心理虽然与个人心理息息相关，但不同于个人心理，它是所有家庭成员的心理关系，尤其是亲子之间的心理关系。丰富家庭劳动教育心理资源，需要在亲子关系上下功夫。第一，家长与孩子共同参与家庭劳动，在家庭劳动的分工、合作、交流中建立和谐的亲子关系。马克思主义认为，劳动创造人，人在劳动中结成人与人之间的关系，即社会性关系。在共同的家庭劳动中建立的和谐的亲子关系，为家庭劳动教育奠定了"师生关系"基础。在共同的家庭劳动中，孩子切身感受到家长热爱劳动、善于劳动，珍惜劳动成果、尊重劳动人民；家长则从孩子劳动素养的点滴进步中，提升了自我作为家庭劳动教育者的效能感。第二，

[①]蔡汀,王义高,祖晶.苏霍姆林斯基选集:五卷本第5卷[M].北京:教育科学出版社,2001:604.

家长倾听孩子的劳动感受和感想，与孩子交流劳动心得。家庭劳动教育不仅是行为的教育，更是心理的教育，要让孩子树立正确的劳动意识和崇高的劳动精神。家长要注重倾听孩子的劳动感受和想法，拉近彼此之间的心理距离，实现劳动心理的同频共振。家长需要根据孩子的学段特点和心理特点，丰富家庭劳动教育心理资源。小学阶段要侧重自我服务性劳动的感性认识，在劳动感受和体验交流中，家长要注重情感性、故事性和兴趣引导性。初中、高中阶段可以逐渐侧重对家务与家政等劳动的理性认识。

2.提炼家庭劳动教育心理资源

在共同的家庭劳动中，家长与孩子形成了丰富的心理资源。提炼这些心理资源，首先需要家长在倾听孩子真实的劳动感受和想法的基础上，帮孩子梳理其想法。其次需要家长说明价值，让孩子明白隐藏在自身劳动行为背后的劳动价值观。

3.优化家庭劳动教育心理资源

在自由与充满爱意的家庭环境中，在家长与孩子共同参与家庭劳动中，在家长与孩子的劳动交流中，在帮助孩子梳理和提炼自己的劳动感受、体验与观点中，孩子与家长结成亲密的劳动型亲子关系。家长需要反思这种劳动型亲子关系的心理结构特点及存在的问题，从而采取有针对性的优化策略。劳动心理的知、情、意三位一体和劳动心理与劳动行为习惯一体化是家庭劳动教育心理资源的优化目标。家庭劳动教育心理资源分布容易出现不平衡问题。有的家庭侧重劳动认知，不少家长喜欢用说教的方式告诉孩子劳动的价值和如何劳动。但正如陆游诗云"纸上得来终觉浅，绝知此事要躬行"，说教再多，也不如身体力行，与孩子一起深入地体验劳动。这种说教式的家庭劳动教育，导致孩子对劳动缺乏丰富的认知，因此空洞的劳动说教难以产生深厚的劳动感情。有的家庭侧重劳动情感，通过趣味化、游戏化的劳动让孩子在家庭中充分体验劳动的乐趣，这对培养劳动兴趣、情感十分有益。但随着孩子年龄的增长，劳动的知识和技术含量的提高，仅有简单的乐趣还不够，孩子需要在劳动中体验理性的魅力和劳动技能创新的乐趣。有的家庭侧重劳动意志力的训练，给孩子布置了不少具有挑战性的家庭劳动任务，甚至有的任务可能超出了孩子的能力范围。劳动意志力是劳动心理的重要组成部分，但如果劳动意志力训练过于频繁或难度过大，可能适得其反。因此，需要反思和优化家庭劳动教育心理资源，让知、情、意、行达成动态的平衡与有机的统一。从孩子纵向劳动心理发展历程看，小学阶段更多应注重激发劳动兴趣，体验劳动情感，养成劳动行为习惯；初中和高中阶段，应在劳动情感和劳动习惯的坚实基础上适当注重劳动的创意性与创造性。

（四）家庭劳动教育文化资源开发与利用的路径

每个家庭都有自身的文化，劳动教育要在家庭中生根发芽、蓬勃发展，就需要深入家庭文化内核，深度开发与利用家庭文化资源。一般而言，现代家庭文化具有三个基本向度：家庭传统文化、家庭现代文化与家庭主流文化。家庭传统文化体现了历史性，家庭现代文化彰显了时代性，家庭主流文化突显了意识形态性。中国特色社会主义新时代的家庭文化的开发和建设既要扎根于中华民族优秀的家庭文化传统，又要彰显家庭文化的现代性，还要突显社会主义价值取向。家庭劳动教育文化资源的开发与利用需要充分挖掘家庭文化这三个基本向度。

1.丰富家庭劳动教育文化资源

可以从三个方面丰富家庭劳动教育文化资源：从家庭文化传统中去寻找家庭劳动教育文化的历史之根；以全球的视野、开放的心态去参考与借鉴他国有益的现代家庭劳动教育文化；用社会主义核心价值观去引领家庭劳动教育文化。中华民族是热爱劳动的民族。家务劳动是古人劳动的重要内容。"中国先民早就知晓了洒扫对于生活的重要性。"[①]洒扫

---

①张礼永.教育与洒扫的千秋之变:最简单的劳动教育形式及其应注意的问题[J].全球教育展望,2020,49(06):15-28.

不仅是重要的日常生活劳动，也是立德树人的重要方式。如今，大多数家庭逐渐注重培养孩子的独立自主能力，具有"自己的事自己做"的家庭劳动教育文化。丰富的家庭劳动教育文化，能为家庭劳动教育提供丰富、有效的课程资源。

2.提炼家庭劳动教育文化资源

为了更好地利用家庭劳动教育文化资源，促进家庭劳动教育实践，可以从两个层面对家庭劳动教育文化资源进行提炼：一个是精神层面的提炼，另一个是符号层面的提炼。精神层面的提炼主要是劳动文化理念的提炼，每个家庭可以根据自身的劳动传统和劳动家风，提炼出自家的劳动文化之魂，然后再以这种劳动文化之魂去指导和统摄劳动文化符号的提炼。家庭劳动文化符号的提炼，旨在提炼出一种最能体现家庭劳动文化理念的符号系统，这种符号可以是语言文字，可以是音乐图画，可以是故事，也可以是实物表征。家庭劳动教育文化资源的提炼，要依据孩子的学段和发展阶段。不论是何种形式的家庭劳动文化符号，都可以在内涵上拓展三个基本维度：历史传统的深度、社会主义的高度与国际视野的宽度。这些承载着丰富的家庭劳动文化理念的符号，需要巧妙融合于日常生活中。

3.优化家庭劳动教育文化资源

优化家庭劳动教育文化资源可从以下几个方面着手。首先，家庭劳动教育文化资源三个基本向度的融合。现实的家庭劳动教育文化资源中，这三个向度往往缺乏足够的有机统一。城市家庭的劳动教育文化可能更多是一种现代化的家庭劳动文化，更多地从家庭劳动权利和义务的角度阐释家庭劳动教育文化；农村家庭的劳动教育文化可能更多是一种传统的家庭劳动教育文化，更多地从劳动故事和劳动记忆来传承家劳动教育文化传统。中国特色社会主义新时代的家庭劳动教育文化，需要真正有机融合家庭劳动教育传统文化与现代文化。其次，家庭劳动教育文化符号呈现的时空优化。空间优化是从家庭劳动教育文化符号呈现的空间设置进行优化，可以根据家庭区域功能来优化劳动教育文化符号。例如，在厨房烹饪区，适合设置与张贴一些烹饪劳动的文化符号；在低龄小孩卧室区适宜设置和张贴一些自我起居服务性的文化符号。时间优化是从家庭劳动教育文化符号呈现的时间段与时间周期来进行优化。具体可从孩子的学段、季节、节假日与劳动主题活动时间等因素来优化家庭劳动教育文化符号时间呈现。

（五）家庭劳动教育活动资源开发与利用的路径

劳动性是劳动教育区别于其他教育的显著特点。家庭劳动教育需要丰富的家庭劳动活动来支撑。家庭劳动活动大致可分为以下七类：清洁类、整理类、美化类、饮食类、维修类、家庭服务类和家庭管理类。清洁类主要包括清洗衣服与生活用品、洒扫房间、垃圾分类等。整理类包括内务整理（叠衣服、裤子、袜子、被子等）、玩具与学习用品整理、生活用具与家居物品整理。美化类主要包括动物养殖、植物种植、家庭美观装饰等。饮食类主要包括购买食材、烹饪烹调、餐桌劳动等。维修类主要包括玩具维修、生活用品维修、家电维修等。家庭服务类主要包括照顾家人、招待客人等。家庭管理类主要指家庭事务性或活动项目性管理，如部分财务管理、家庭出游等。

1.丰富家庭劳动教育活动资源

从劳动活动内容、形式、方法三个方面去丰富家庭劳动教育活动资源。小学低年级以个人生活起居为主要的家庭劳动活动内容，可从以下几个方面着手：清洁类劳动，自己洗漱，清扫房间，进行简单的垃圾分类；整理类劳动，叠衣服、被子，整理自己的穿着、玩具和学习用品；美化类劳动，进行一些简单、易活易养的动物养殖和植物种植，进行一些简单的手工制作；饮食类劳动，清洗蔬菜瓜果、择菜等。家庭劳动活动形式方面，家长要耐心指导，确保安全，做好示范，循循善诱，培养孩子的劳动安全意识，激发孩子的劳动兴趣。此外，劳动活动形式应灵活化、多样化、游戏化，劳动活动设计应体现出童心、童真、童趣，让孩子充分感受和体验家庭劳动的乐趣。家庭劳动活动方法方面，在安全的前提下，家长要鼓励孩子勇于尝试、自己探索。

小学中高年级应在低年级的基础上，拓展以下家庭劳动活动内容：清洁类劳动，不仅会洗自己的衣服，还要学会分类清洗衣服；整理类劳动，不仅会内务整理，还要学会整理生活用品和家居物品，学会合理分类；美化类劳动，不仅会养护一些动植物，还会初步设计与制作一些手工装饰品等；饮食类劳动，不仅会清洗蔬菜瓜果，还会购买食材，进行简单的食物加工（如制作水果沙拉、拼盘、凉拌菜等），会初步制作简单的家常餐；维修类劳动，会维修自己简单的玩具和学习用品；家庭服务类劳动，饭前在餐桌上摆放碗筷，给长辈们端茶倒水，帮家长招待客人。小学中高年级的家庭劳动活动形式方面，适当从简单的劳动逐渐走向复杂一些的劳动。家庭劳动活动方法方面，应从以示范指导为主逐渐转向以分工协作为主。

初中阶段，应在小学的基础上，拓展以下家庭劳动活动内容：清洁类劳动，运用学科知识科学、有效、全面地进行家庭清洁劳动；整理类劳动，运用一定的科学思维和审美眼光，合理利用工具整理各种学习、生活与玩具用品；美化类劳动，运用所学的科学和艺术知识，种植室内盆景，饲养宠物，进行手工制作、家庭装饰等；饮食类劳动，会独立烹制家常餐；维修类劳动，除维修玩具和学习用品外，还会初步维修生活用品；家庭服务类劳动，会简单地照顾家人和招待客人；家庭管理类劳动，初步参与家庭管理劳动，例如，为家庭出行做计划、做准备等。初中阶段的学生的理性思维迅速发展，因此在家庭劳动活动内容上应适当增加知识和技术含量，在家庭劳动活动形式上应该多元开放，在家庭劳动活动方法上应逐渐走向独立自主与分工合作的统一。

高中阶段应在初中阶段的基础上，拓展以下家庭劳动活动内容：清洁类劳动，运用相关原理，科学和高效地进行各项清洁劳动；整理类劳动，自觉运用理性思维，科学合理地、体现审美地、高效地进行各种学习用品、生活用品等的整理；美化类劳动，自觉地运用科学与艺术的相关知识（如人工智能、编程技术等）去美化家庭环境；饮食类劳动，懂得从营养和美食鉴赏的角度去独立完成有质量的家庭烹饪；维修类劳动，利用相关知识维修家庭生活用品、家具与家电等；家庭服务类劳动，会温暖、体贴、合理地照顾家人，会热情、大方、得体地招呼与款待客人；家庭管理类劳动，可参与家庭日常生活开支管理，参与筹办家庭节假性和庆典性活动等。高中阶段的家庭劳动活动形式应更多元与开放，家庭劳动活动方法应体现理性之真、智慧之美与劳动之善的有机统一。

2. 提炼家庭劳动教育活动资源

新时代劳动教育的总体目标是准确把握社会主义建设者和接班人的劳动精神面貌、劳动价值取向和劳动技能水平的培养要求，全面提高学生的劳动素养，使学生树立正确的劳动观念，具备必备的劳动能力，培育积极的劳动精神，养成良好的劳动习惯和品质。对家庭劳动教育活动资源进行科学、有效的提炼，具体可从劳动活动内容、劳动活动方法两个方面进行。劳动活动内容方面的提炼，主要指劳动活动主题的提炼。劳动活动主题越明确、越清晰，劳动活动的教育效果往往越好。主题的提炼可以配合家庭劳动文化符号的提炼一起进行。劳动活动方法的提炼，需要反思方法的成效与存在的问题，可逐渐从具体的劳动活动方法中提炼出一套适切的、有价值的家庭劳动活动方法论。

3. 优化家庭劳动教育活动资源

家庭劳动教育活动资源，可从劳动活动时间、动机、情境、方法、评价五个方面去优化。第一，优化家庭劳动活动时间，使家庭劳动保持劳动的经常性和持续性。苏霍姆林斯基明确指出："切不可把劳动任务集中在一年的某个季节、月份或星期里去进行，只有经常不断地劳动，才能丰富精神生活。只有当孩子从事那种须经常对它进行思考和操心的长时期的劳动时，劳动活动的创造性质才会在他面前展现出来。"①经常的、持续的家庭劳动活动不仅有利于丰富孩子的精神生活，而且有利于促进良好劳动习惯和劳动品质的养成。清洁类、饮食类、家庭服务类等家务劳动，越是经常进行，越是在时间上有规律，越容易使孩子养成良好的家庭劳动习惯和品质。第二，优化家庭劳动活动动机，激活孩子劳动的内驱力，可从劳动活动赋权、劳动创造性挑战、劳动意义感体验等方面着手。家长可以通过对话与沟通的方式，跟孩子协商好家务安排、家务劳动规则与事项，形成家规，让大家自觉遵守执行。家长也可找个适当的时机，开个民主讨论会，推荐与选举"家庭劳动委员会主任"，给孩子赋权，让孩子体验到家庭劳动的自主感和效能感，从而激活孩子劳动内驱力。此外，可适当提升家庭劳动活动的趣味性和挑战性，提升孩子劳动的意义感和成就感，要让孩子感受到，通过自我服务的劳动，能使生活变得更美好、更快乐、更可爱。真正的幸福在于从自己所热爱的创造性劳动中得到满足，从在人类活动中充分显露自己的才能中得到满足。驱使孩子进行体力劳动的最强大的动力之一，就是这种劳动的重大意义和手脑的结合，意义越重大，做这种最平凡的工作的兴趣就越强烈。第三，优化家庭劳动活动情境，需要巧妙利用"天时地利人和"，创设劳动活动情境。例如，趁端午节家人齐聚时，在家举行包粽子大赛。第四，优化家庭劳动活动方法，可灵活采用多种方法，如探究法、项目活动法、比赛法、游戏法、角色扮演法等。苏霍姆林斯基认为，劳动教育的成功要靠给孩子们恰当地确定劳动项目，同时也要靠教育上合理的教育工作的形式和方法。第五，优化家庭劳动活动评价，可让孩子自评和家长评价有机结合，以正面鼓励和赞扬为主，及时肯定孩子的家庭劳动表现。

---

①蔡汀,王义高,祖品.苏霍姆林斯基选集:五卷本第4卷[M].北京:教育科学出版社,2001:456.

第五章　新时代劳动教育的实施与评价

　　学校劳动教育实施是学校劳动教育结构的要素之一，是将学校劳动教育方案付诸实践的过程，它表明学校劳动教育计划实际运行的状态。学校劳动教育实施具有很强的整体性、开放性和动态性。一方面，学校劳动教育实施涉及的范围极广，既涉及国家、地区、学校、课堂等各个层面，又涉及教师、学生、家长等教育主体。这要求将学校劳动教育实施作为一个整体性的过程，有效整合各个因素，并获得外界环境和资源的支持。另一方面，学校劳动教育实施具有很强的动态性，因为劳动教育方案不可能被原封不动地实施，其必然受到学校实际、教师特点、学生需求等具体因素的影响，存在很多的不确定性和随机性。同一个学校劳动教育方案，具体放在不同区域或不同学校进行实践，其实施效果将存在很大的差异。当前，我国学校劳动教育的实施出现许多问题，严重影响学校劳动教育的实效性。为此，我们应通过有效的对策提高学校劳动教育的实施效果，并通过完善评价体系强化学校劳动教育的实效性。

第一节　学校劳动教育实施的困境症结

步入新时代，劳动教育以"主角"身份登上教育改革这个大舞台，受到社会各界的极大关注。在《中共中央国务院关于全面加强新时代大中小学劳动教育的意见》《大中小学劳动教育指导纲要（试行）》等文件精神的指导下，各级各类学校轰轰烈烈开展劳动教育教育，并取得一定成效。但面对复杂的教育形势，处于起步阶段的新时代学校劳动教育出现许多困境症结。在学校劳动教育实施过程中，出现重劳动轻教育、重脑力劳动轻体力劳动、重个人实践轻集体劳动、重苦干盲干轻特色发展、重高调前进轻整体规划等问题，导致学校劳动教育陷入形式化、空心化、碎片化等困境。

一、形式化：重"劳动形式"轻"教育意义"

劳动不代表劳动教育。在劳动教育实施过程中，劳动是手段和途径，教育是落脚点。劳动过程绝不是走个过场和形式，而是要以"劳""育"人。学校劳动教育应深入挖掘劳动的教育价值，设计有价值的劳动教育内容，使学生掌握基本的劳动知识和技能，养成良好的劳动习惯和品质，并树立科学的劳动观。但在现实中，以劳动思维指导劳动教育实践，重劳动轻教育，甚至以"劳动"代替"劳动教育"的现象频发，这必然带来形式化的劳动教育，不利于劳动教育健康推进。

一是重视作为教育惩戒手段的劳动，忽视劳动的育人功能。古今中外，人类关于劳动的最初认知都不同程度地含有辛劳、痛苦、费力的意蕴。如亚里士多德将奴隶所从事的劳动视为人类最低等级的活动。在基督教的正统里，世俗劳动则是人类为侵犯伊甸园果实作出的救赎，代表着苦难、报应和救赎。于是，在教育场域中，劳动常常被等同于规训学生行为的惩戒手段。当前，"把劳动当成惩戒工具"的现象在校园里并不鲜见，甚至带有一定的普遍性。一些学校将学习与劳动对立起来，安排学困生完成学校义务劳动，甚至以"不用值日"作为学优生的奖励。更为常见的是，罚没有完成作业的学生擦黑板，迟到的学生负责浇花，调皮捣蛋的学生打扫包干区，打架斗殴的学生冲厕所……擦黑板、扫地、擦玻璃、冲刷厕所等成为班级管理者最热衷的劳动惩戒方式。教育者以脏的、苦的、累的劳动来规训学生的行为，表面上似乎效果不错，但却严重扭曲了劳动的教育意蕴。此种行为不断暗示学生劳动是消极可耻的，学生在持续不断的劳动体验中形成的意识是劳动并不光荣、劳动并不美丽、劳动也不幸福。学生心理上鄙视劳动，行动上疏远劳动，必然影响其健康成长，也会影响劳动教育功能的实现。

二是重视作为休闲活动的劳动，忽视劳动的育人功能。受各种复杂因素的影响，特别是在应试教育盛行的环境中，学生被禁锢在学校的"铜墙铁壁"中，埋头于写不完的作业里。在这种背景下，走向田间地头、工厂车间和社区广场的所谓"劳动教育"深受欢迎，被视为最佳的减压活动。在各种大型考试后，学校积极组织各种名目的乡村研学、企业研学、社区研学等，学生在浮光掠影的劳动实践活动中走马观花般完成各种劳动体验，劳动教育失去了教育的厚重。也正因为如此，劳动教育被许多人误解为休闲活动，体现在"春游""秋游"等社会实践中，呈现在各种陶艺和剪纸活动里。但是，以休闲和放松为目的的观光式的社会实践"有劳动，无教育"，根本无法激发学生对劳动的感悟，更无法培育学生的劳动价值观，这与劳动教育的初衷背道而驰。

三是为完成任务盲目开展劳动教育，没有挖掘劳动的教育内涵，设计劳动活动忽视育人目的。当前，学校轰轰烈烈地开展劳动课，"劳动日""劳动周""劳动月"如火如荼地进行。为了达到劳动教育课时要求，形形色色的社区服务活动、公益活动、企业参观实践、乡村研学、传统文化学习等成为学校劳动课设置的重点内容。许多学校甚至以安全为由，主张在课上"听"劳动、在课外"看"劳动、在网上"玩"劳动，这些与劳动教育目标的要求相差甚远。进一步而言，我们是否进一步追问过学生劳动是为了什么？所开展的各类劳动实践是否取得相应的教育效果？黑龙江某13岁女生因参加学校组织的扫雪活动，手指被严重冻伤，险遭截肢。事情发生以后，微博发起了"学生该不该为学校义务劳动"的讨论。[1]盲目开展的劳动并没有达到教育的效果。劳动教育的开展必须时刻坚守育人目标，不能重劳动轻教育，更不能以"劳动"代替"劳动教育"。

总之，在当前的劳动教育实施中，劳动教育的教育性常被忽略。一是忽视劳动能力训练，学生"听"劳动、"看"劳动、"思"劳动，就是不会"劳动"；二是忽视劳动精神的有机融入，劳动教育仅停留在表面的活动层面，学生"玩"劳动、体验劳动，就是没有获得劳动精神的熏陶。

二、片面化：重脑力劳动轻体力劳动

"劳动力的使用就是劳动本身"[2]，在马克思看来，"人的身体即活的人体中存在的、每当人生产某种使用价值时，就运用的体力和智力的总和"[3]，故脑力劳动和体力劳动是人类劳动的两种基本形态。理解脑力劳动和体力劳动问题需要从以下两个维度展开：一是从社会分工的角度理解脑力劳动和体力劳动。脑力劳动和体力劳动是社会分工的重要尺度，其分离与结合则直接反映了社会的发展进步。在原始社会，脑力劳动与体力劳动紧密结合。在脑力劳动的参与下，原始社会主要依靠体力劳动创造社会财富。"正如自然机体中头和手组成一体一样，劳动过程把脑力劳动和体力劳动结合在一起了。后来它们分离了，直到处于敌对的对立状态。"[4]随着社会生产力的发展，特别是剩余产品出现后，一部分人从体力劳动中抽离出来，专门从事脑力劳动。这种分工既是社会生产力发展的产物，又极大地推进了社会生产力的发展。特别是在资本主

---

① 开展劳动教育不是学校"需要"学生劳动[N].中国青年报，2020-01-08(02).
②③④马克思.资本论：第1卷[M].北京：人民出版社，2004:207,195,582.

义生产条件下，高度发展的商品经济推动科技的进步，科学技术在社会生产中的应用反过来又进一步促进机器大生产，推动整个社会生产力的提高。在阶级社会里，这种社会分工状态带来了脑力劳动和体力劳动的对立。在奴隶社会，体力劳动者和脑力劳动者是奴隶与奴隶者的关系，两个阶级存在根本的利益冲突。"劳心者治人，劳力者治于人"则直接反映了中国封建文化里对脑力劳动的追崇。在资本主义社会里，资本家对工人进行严酷的压榨和剥削，带来尖锐的阶级矛盾。正因为如此，社会主义革命的重要使命就是消灭私有制、消灭剥削、消灭脑力劳动和体力劳动的对立。三大改造后，我国建立起的社会主义公有制消灭了脑力劳动与体力劳动的对立。新时代，习近平总书记更是进一步强调广大知识分子"是工人阶级的一部分"[①]，是社会主义现代化建设的主力军。二是从人的全面发展的角度理解脑力劳动与体力劳动。在脑力劳动和体力劳动结合起来的高级社会形态下，实现人的全面发展，即人的"体力和智力获得充分的自由的发展和运用"[②]，是社会发展的要求。但消除脑力劳动和体力劳动的本质区别，实现人的全面发展是漫长的历史发展过程。在这一过程中，社会生产力是第一决定因素。此外，现代教育"在促进脑力劳动和体力劳动结合方面也起着极重要的作用"[③]。因此现代教育既培养了满足现代化大生产的脑力劳动者，又提高了体力劳动者的文化水平。

关于学校劳动教育以体力劳动为主还是脑力劳动为主这个问题，在新时代的社会场域中，已然不存在所谓的阶级对立指向，更不可能违背客观历史规律，出现历史上"左"倾思想带来的"劳动人民知识化，知识分子劳动化"现象。今天，我们讨论学校劳动教育的边界问题，是基于人的全面发展的角度理解脑力劳动与体力劳动的需要问题。立足于社

①习近平.在知识分子、劳动模范、青年代表座谈会上的讲话[N].人民日报,2016-04-30(02).

②马克思恩格斯选集:第3卷[M].北京:人民出版社,2012:814.

③成有信.脑力劳动和体力劳动的分离、结合与教育:下[J].华东师范大学学报(教育科学版),1987(4):39-46.

会现实和学生特点，当前学校劳动教育应"以体力劳动为主，注意手脑并用"①。改革开放以来，在"科学技术是第一生产力"政策方针的引导下，我国从深度和广度上加快"智"育的发展，教育脱离学生的生活，不断知识化抽象化，导致学生的脑力劳动与体力劳动严重失衡。有调查显示，"美国小学生平均每天的劳动时间为1.2小时，韩国为0.7小时，而中国小学生平均每天的劳动时间只有12分钟"②。当前，大部分学校的卫生都由政府购买服务完成，学生的劳动值日内容严重缩水。为了不影响学生学习，有的家长和学生甚至雇人值日。而且，在应试教育环境下，劳动课名存实亡，以课代劳、以教代劳、以说代劳等现象普遍存在。"十指不沾阳春水"的青少年劳动意识淡薄，其后果不仅仅是基本生活自理能力的缺失以及令人担忧的健康状况，更导致青少年严重的主体性精神迷茫，不断沦陷为智能时代的"片面人"。

因此，有人提出人工智能时代体力劳动已经过时的观点是需要批判的。学校劳动教育的最终目的是实现人的全面发展，即人的"体力和智力获得充分的自由的发展和运用"。体力劳动不仅是表面上人类体能的损耗和增负，更是"一种具有重要历史意义和人本价值的社会实践"③。"体力劳动是防止一切社会病毒的伟大的消毒剂。"④在学校劳动教育实施过程中，加强体力劳动，引导学生手脑并用，在出力流汗的体力劳动实践中树立正确的劳动观，这是当前所需要的。

三、空心化：重个人实践轻集体劳动

集体主义是我国基本的价值观念，其建立在公有制基础上，相对于私有制社会的个人主义。集体主义体现着无产阶级意志，广泛影响着我国政治、经济和文化的发展。改革开放以来，我国经济高速发展，因为

---

①中共中央 国务院关于全面加强新时代大中小学劳动教育的意见[N]. 光明日报，2020-03-27(01).

②小学生每天劳动12分钟！劳动教育绝不只是个高考作文题……[EB/OL].(2019-06-10)http://www.xinhuanet.com/local/2019-06/10/c_1124600548.html.

③任志锋.以体力劳动为主加强劳动教育[J].思想理论教育,2020(8):61-66.

④马克思恩格斯全集:第31卷[M].北京:人民出版社,1972:538.

没有进行有效引导，市场经济所孕育和内蕴的主体独立意识和个人主义价值取向不断侵蚀和破坏集体主义精神。而且，在全球化、信息化、网络化背景下，多种社会思潮不断冲击和影响着我国集体主义价值观培育，这直接影响了新时代青年的成长。纵观近年来发生的形形色色的校园惨案，杀人、自杀、裸贷等各种失范行为在很大程度上是极端个人主义造成的悲剧。马克思所强调，"只有在集体中才可能有个人自由"①，将个体的生命价值置于集体价值链条中，才能焕发真正的主体意识。因此，加强集体主义教育是国家意识形态建设的需要，更是青少年价值观引导的重要工程。在此背景下，为了集体而劳动、在集体中劳动、通过集体劳动的社会主义劳动教育显得尤为重要。②因为社会主义劳动教育本身就是一种集体主义教育，强调劳动协作。③但受狭隘的个性教育理念的影响，学校劳动教育在实施过程中常常忽略劳动教育的集体主义导向，而关注个体形式的劳动教育，强调个体劳动素养，强化个人劳动实践，导致劳动教育出现空心化现象。其主要体现在以下几个方面。

一是强调个体劳动素养提升，忽视劳动集体是学校劳动教育的目标。在社会主义国家，劳动集体是学校劳动教育的价值指向，引导学生为集体而劳动，为集体创造物质财富，为集体服务，才能发挥劳动教育的价值。但长期以来，学校劳动教育以提升学生个体的劳动素养为主要目的，却忽视培育学生的集体主义精神，忽视引导学生在劳动中以集体利益为目标，忽视引导学生在劳动中形成集体荣誉感和责任感。

二是关注学生个体劳动，忽视劳动集体是学校劳动教育的对象。在一般的教育理念里，教育过程以个别学生为对象，关注的是个别学生的思想和行为。社会主义劳动教育的特殊性在于其以劳动集体为教育对象，因为"个别学生的每一行为，他的每一成功或失败，都要被看作共

---

①马克思恩格斯全集：第3卷[M].北京：人民出版社，1960：84.
②胡君进，檀传宝.劳动、劳动集体与劳动教育：重思马卡连柯、苏霍姆林斯基劳动教育思想的内容与特点[J].国家教育行政学院学报，2018(12)：40-45.
③曾天山.新时代中国特色社会主义劳动教育的本质与独特价值：访教育部职业技术教学中心研究所副所长曾天山研究员[J].劳动教育评论，2020(1)：1-11.

同事业的一种成功或失败"①。为了实现目标，学校劳动教育应引导学生在劳动集体中体验劳动情感，增强自身的集体意识。但在现实中，不少教育者坚持狭隘的个性教育理念，盲目关注学生个体的劳动爱好与特长，注重学生个体劳动素养的提高，没有有效挖掘劳动教育的集体主义教育价值。

三是强化学生个人实践，忽视集体劳动是学校劳动教育的主要途径。"集体是个人的教师"②，而且"只有参加集体劳动才能使人对人有正确的和道德的态度——对一切劳动者保持亲属般的爱护和友谊，对懒惰分子和躲避劳动的人表示愤慨和谴责"③。通过开展集体劳动，激发学生对集体的归属感，学生才会积极通过辛勤劳动、诚实劳动和创新劳动维护劳动集体的利益。但在现实的学校劳动教育实践中，教育者关注更多的是学生个体的成长，不断强化个人的劳动实践，忽视引导学生参加集体劳动。

四、工具化：重苦干盲干轻特色发展

一群孩子正要到排球场去玩排球，他们在路上看见田垄没有挖好，而且旁边就放着铁锹。很难设想孩子们会欢呼着去拿起铁锹把田垄挖好……这是苏霍姆林斯基关于劳动教育实施的前提思考。他认为，根据学生的认知和接受特点，学生很难积极主动地参与流汗出力的劳动。因此，为了激发其劳动积极性，我们需要把劳动教育看作完整的教育过程，需要挖掘劳动的意义，更需要进行创新设计，实现特色发展。如在劳动教育范本帕夫雷什中学里，学生从入学第一天起就参加各种劳动项目，如机械设计和模型制作、农作物栽培（有温室、生物角、教学实验园地）、树木栽培、养兔、养蜂、养牛、养羊、研究内燃机的构造、研

---

①马卡连柯.马卡连柯教育文集:上卷[M].耿济安,等,译.北京:人民教育出版社,2016:81.
②马卡连柯.马卡连柯教育文集:上卷[M].耿济安,等,译.北京:人民教育出版社,2016:31.
③马卡连柯.马卡连柯全集:第4卷[M].耿济安,等,译.北京:人民教育出版社,1957:447.

究农业机器和电工学、加工制作木材和金属制品等。该学校劳动教育项目类型多样，融合了知识、技术与创造，还充分考虑了学生的成长特点，具有鲜明的实践特色。今天，在步入新时代的社会主义中国，学校劳动教育的目标不再局限于培养现代农村建设人才，但应学习帕夫雷什中学的特色教育理念。

改革开放以来，我国注重发展劳动技术教育，而且新课程改革后，劳动与技术教育被列入综合实践课程中，学校劳动教育不再具有独立课程形态的地位。劳动教育被降为综合实践活动课程的一部分，这极大地影响了学校劳动教育的发展。因为在很大程度上，综合实践活动的活动性大于思想性、工具性大于人文性、技术性大于教育性，这势必削弱劳动教育的育人价值，淡化劳动教育在国民教育体系中的战略地位。步入新时代，中央明确要求"构建德智体美劳全面培养的教育体系"①，并颁布了一系列指导文件，劳动教育重新回归学校教育体系中。但由于学校劳动教育建设处于起步阶段，劳动教育师资队伍建设、劳动教育资源保障、劳动教育经费投入机制等都有待完善。在此种背景下，劳动教育的实施存在"理论上抽象存在，实际上虚化；理念上强调，实操上弱化；名义上强化，课时上减化；口头上重视，课程上淡化"②等诸多问题。为了完成任务，许多学校赶鸭子上架，盲目开展传统的劳动教育项目。为了迎合各级检查，学生被动地出现在学工学农、勤工俭学、家务整理、志愿者服务等各种活动中。而其成果就是总结报告中的一张张照片，宣传报道中的一段段小视频。当劳动教育的工具性目的代替其育人属性，教师累、学生累、家长累，劳动教育实践没有产生实际性教育效果。为了解决这个问题，学校劳动教育在实施过程中应结合地域文化特色与学校特色，开发体现时代特征且具有综合性、实践性、开放性的劳动教育特色项目。其目的在于激发学生的劳动兴趣，引导学生积极主动

---

①坚持中国特色社会主义教育发展道路 培养德智体美劳全面发展的社会主义建设者和接班人[N].人民日报,2018-09-11(1).

②徐长发.新时代劳动教育再发展的逻辑[J].教育研究,2018,39(11):12-17.

地经历完整的劳动过程，获得深刻的劳动价值体验，而不是被动地停留在简单的苦乐体验上。

五、碎片化：重高调前进轻整体规划

从德智体美"四育"发展到德智体美劳"五育"，学校劳动教育成为育人体系中重要的一环，必须专业化、可考核、可评估。故学校劳动教育实施是一个系统工程，需要明确劳动教育目标，构建劳动教育内容，合理安排劳动教育课程，科学进行劳动教育评价。此外，还需要合理协调劳动教育与其他教育活动的关系，整合各类劳动教育资源等。因此，在实施学校劳动教育过程中，学校应进行整体设计和系统规划。

随着相关政策的出台，学校劳动教育的呼声很大，劳动课轰轰烈烈地开展，"劳动日""劳动周""劳动月"也如火如荼地进行。学校劳动教育高调前进，但在实施上却处于零散状态，缺乏整体的规划。其主要体现在以下两个方面：一方面，学校劳动教育与其他教育活动之间缺乏整体规划。将劳动教育纳入人才培养全过程是提高劳动教育实效性的重要目标，也是主要途径。根据教育部《大中小学劳动教育指导纲要（试行）》的要求，学校需要全员"劳"育、全过程"劳"育、全方位"劳"育。但在实践中，大部分学校或由专业课教师开设一些劳动知识课程，或由班主任组织劳动实践……这些几乎都是零零散散的活动，难以将各个部门整合起来，做到整体规划。另一方面，没有有效整合学校、家庭和社会的劳动教育资源。家庭、学校和社会都是学校劳动教育实施的重要场所，蕴含着重要的劳动教育资源。学校劳动教育需要发挥家庭的基础作用，并做到学校主导、社会支持。然而，受各种因素的影响，当前劳动教育的资源没有有效整合起来，仍然处于碎片化实施状态，这严重影响了学校劳动教育实效性的发挥。

第二节　劳动教育实施的对策思考

　　为了做好新时代的学校劳动教育，我们不仅需要科学认识学校劳动教育的目标和内容，还要认真分析学校劳动教育实施过程中出现的形式化、知识化、空心化、工具化、碎片化等困境症结，积极探索增强劳动教育实效性的科学对策。学校劳动教育实施对策既要从长远角度作出宏观的战略思考，又要从具体操作层面提出规范的措施。

一、建立课程标准，优化劳动教育课程结构

　　课程是实施劳动教育的重要形式，完善劳动教育课程结构是提高劳动教育实效性的重要举措。"三位一体"劳动教育课程体系是基于我国实情和教育客观规律所构建的。如图5-1所示，我们要建立劳动教育课程实施标准，依据基本国情和教育规律，对劳动教育课程结构作出宏观规定，力求使劳动教育有章可循。并在此基础上，促进国家课程、地方课程和校本课程在管理层级上的相互协调，形成由基础性课程、拓展性课程和创生性课程构建的有机整体，以及由显性课程和隐性课程构成的相互融合的课程形态结构。

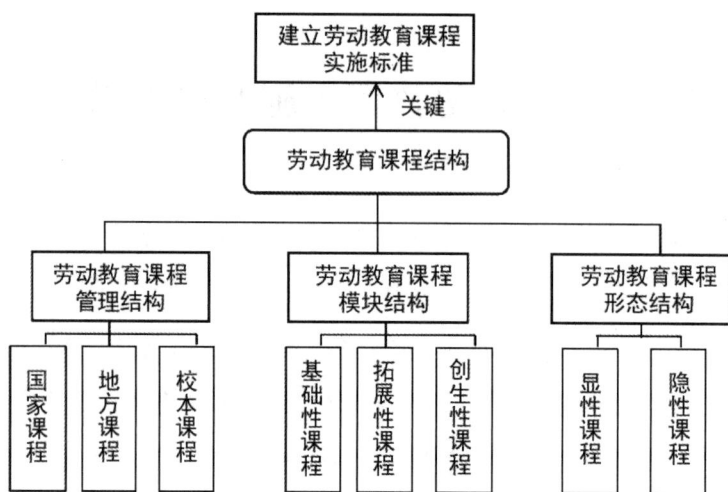

图5-1 劳动教育课程结构

制定大中小学劳动教育课程标准。当前,《中共中央国务院关于全面加强新时代大中小学劳动教育的意见》和《大中小学劳动教育指导纲要(试行)》对新时代劳动教育课程作出了顶层设计和总体部署,如表5-1所示。但为了有效推进劳动教育的课程化,教育部仍需根据客观教育规律,制定大中小学劳动教育课程标准,使劳动教育课程有章可循。这是劳动教育课程有效实施的载体,也是劳动教育计划落地的标志。课程标准是一种纲领性文本,它表明了一定国家或地区意在培养怎样的人、建构怎样的社会、传递怎样的知识。①大中小学劳动教育课程标准主要是根据我国现阶段的基本国情及未来长期发展规划进行精准分析,从课程定位、课程理念、课程设计思路、课程目标、具体课程设置、课程内容与要求、课程实施与评估等多个方面对劳动教育课程作出宏观规定,力求使劳动教育有章可循。

---

① 靳玉乐. 课程论[M]. 北京:人民教育出版社,2015:291.

表5-1　当前国家对劳动教育课程设置的相关规定

学校类型	课程形态	课程时间	课程形式
中小学	必修课	平均每周不少于1课时	用于活动策划、技能指导、练习实践、总结交流等，与通用技术和地方课程、校本课程等有关内容进行必要统筹
职业院校	必修课	不少于16学时	开设专题必修课，主要围绕"劳动精神""劳模精神""工匠精神"、劳动组织、劳动安全和劳动法规等方面设计
普通高等学校	必修课	不少于32学时	将劳动教育纳入专业人才培养方案，明确主要依托的课程，可在已有课程中专设劳动教育模块，也可专门开设劳动专题教育必修课

促进国家课程、地方课程和校本课程在管理层级上的相互协调。2001年，为了改变基础教育课程管理集中的现状，教育部规定实行国家、地方、学校三级课程管理。这三级课程管理所对应的课程形态即为国家课程（国家教育行政部门开发和管理）、地方课程（地方教育行政部门开发和管理）和校本课程（学校自主开发和管理）。其一，国家教育行政部门积极开发和管理劳动教育国家课程。当前，我国对劳动教育课程设置作出了相关规定，提出"整体优化学校课程设置……形成具有综合性、实践性、开放性、针对性的劳动教育课程体系"[1]，要求大中小学校"独立开设劳动教育必修课""在学科专业中有机渗透劳动教育""在课外校外活动中安排劳动实践"，并积极"组织开展劳动教育课程资源研发"[2]。这些都是国家相关部门关于新时代劳动教育课程的顶层设计和总体部署。为了进一步促进劳动教育课程规范发展，国家教育行政部门应进一步开发和管理劳动教育课程，建立大中小学劳动教育课程标准。其二，在国家政策文件的引领规范下，各地需要进一步推出劳动教

---

　①中共中央 国务院关于全面加强新时代大中小学劳动教育的意见[N]. 光明日报，2020-03-27日(01).

　②大中小学劳动教育指导纲要(试行)(教材〔2020〕4号)[EB/OL]. (2020-07-07). http://www.gov.cn/zhengce/zhengceku/2020-07/15/content_5526949.html.

育课程设置方面的相关规定。而且，地方劳动教育课程应进一步开发特色课程，提高劳动教育课程的实效性。其三，学校积极开发特色校本课程。学校是劳动教育实施的重要载体，校本课程是学校劳动教育的核心课程。学校应把握劳动教育的育人导向，推进家、校、社的合作，走出学校，走向田间地头，走进工厂车间，因校制宜开发特色劳动教育校本课程。

形成由基础性课程、拓展性课程和创生性课程构建的有机整体。在横向上，劳动教育课程的构建可以分为三个部分：一是所有学校普遍开设的基础性劳动教育课程。教室值日、打扫包干区、绿化校园等校内劳动，洗衣服、洗碗、做饭等家务劳动，植树、走访敬老院、社区服务等社会公益劳动，几乎是所有学校都开设的基础性劳动教育课程，其优点在于操作方便、资源充足、易于评价，但也存在形式老套、难以激起学生的劳动兴趣、走向形式化等缺点。二是结合地方历史和学校特色开设的拓展性劳动教育课程。广州的煲汤活动、江浙一带的油纸伞制作活动、北方的雪雕制作活动，还有各种石雕、陶艺、竹编等活动，都是各学校结合当地风土人情开设的特色劳动教育课程，其既有得天独厚的地方条件优势，又有深刻的劳动教育意义，还容易激发学生的劳动兴趣，是当前很多学校重点开设的劳动教育课程。但是，在劳动教育实施过程中，如何引导学生在继承传统的基础上激发自身的创造力，这是开发拓展性劳动教育课程面临的重要课题。三是以激发学生创新能力为目标的创生性劳动教育课程。随着社会生产力的提高，劳动形态发生了根本变化。在人工智能时代，激发学生创新能力，是劳动教育课程设置的重要目标。但开展创生性劳动教育课程涉及的因素极为复杂，这要求学校具备出色的硬件条件以及较强的科研能力。此外，创生性劳动教育课程还要协同其他专业学科一同开展，如无人机制作与操控、航天测绘、机器人研究等。近年来，许多学校系统构建基础性课程、拓展性课程和创生性课程，实践效果突出，如成都市天涯石小学、江苏省常州市武进区星河实验小学等。

成都市天涯石小学根据学校的整体课程建设规划，设计了由基础性劳动教育课程、拓展性劳动教育课程、创生性劳动教育课程组成的三大课程群，并形成六大模块及若干微课程，如图5-2所示[①]。

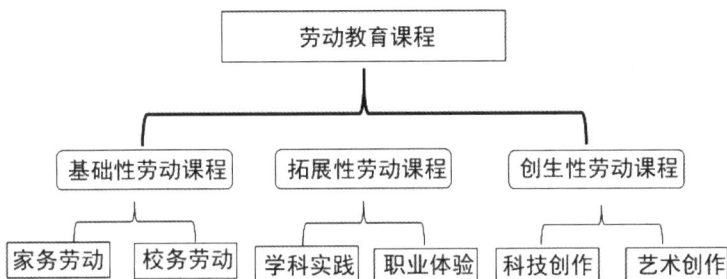

图5-2　成都市天涯石小学劳动教育课程体系

再如，江苏省常州市武进区星河实验小学通过家园、校园、田园、职园、创园五个场域进阶式课程群的建构与实施，以及劳动课程长度、宽度、高度的理性把握，让小学的劳动课程成为序列化、进阶式的实践，如图5-3所示[②]。

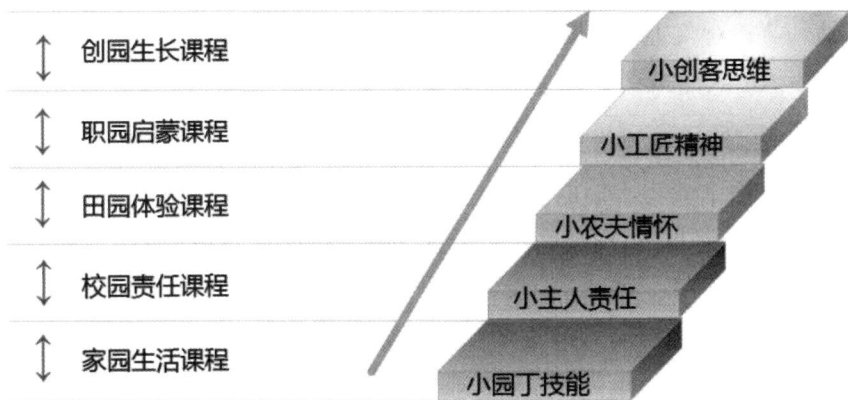

图5-3　星河实验小学儿童五园"进阶式劳动课程群"

---

①郭娟娟,罗娟,杜晋芳.创新型劳动教育课程体系构建的实践探索以成都市天涯石小学为例[J].教育科学论坛,2020(20):56-58.
②庄惠芬,潘莉.小学"进阶式劳动课程群"的建构与实践[J].劳动教育评论,2020(2):128-145.

构建由显性课程和隐性课程构成的相互融合的课程形态结构。依据课程的表现形态，课程可以划分为显性课程与隐性课程，两者共同构成学校的劳动教育课程。劳动教育显性课程是学校教育中的"正式课程"，主要有两种形式，即专门设课与融合课程。学校可以基于本校学科特点和教学场景，在必修课、素质教育选修课和任意选修课中设置与劳动教育相关的理论课程。隐性课程则是潜在于环境（如物质环境、制度环境、文化环境等）中对学生有影响作用的知识、情感、意志和行为规范，是学校中不可忽视的重要课程形式，学校需要根据劳动教育要求对学校隐性课程进行系统整理和精心设计。校园内有许多真实的劳动机会，学校可以系统梳理校园内的劳动机会，引导学生参加勤工俭学、公益服务、社区帮扶等活动，促进学生在劳动中反思自我，提高学生在劳动中发现新问题和创造性解决问题的能力。

二、适应劳动新形态，拓展学校劳动教育平台

在人类社会历史进程中，劳动形态不断迭代和更替，劳动者、劳动工具、劳动对象等都伴随社会的发展而发生了根本变化。步入新时代，社会生产力不断提高，科技革命进一步深入发展。在日新月异的人工智能时代，社会对劳动者的需求具有显著的时代特征，"要求劳动者不仅具备专业技术能力，同时具备复合素质"①，如创新精神和创新能力。为了培养符合时代发展的知识型、技能型和创新型劳动人才，学校劳动教育应依据劳动形态的演进而与时俱进，拓展日常生活劳动平台、生产劳动平台、服务性劳动平台。

拓展日常生活劳动平台。劳动是人类生存的基本手段，传授给学生最基本的生活技能是劳动教育的基本目的，如有效处理个人生活事务，提高日常生活能力，养成良好的卫生习惯等。为了达到此目标，我们应以家务劳动和校务劳动为载体构建日常生活劳动平台。其一，家庭不仅是人生长和生活的场所，也是开展日常生活劳动教育的最重要的平台。

---

① 曾天山，顾建军. 劳动教育论[M]. 北京：教育科学出版社，2020:47.

在学校劳动教育实施过程中，应深化家校合作，引导家长以"劳"育人。鼓励孩子参与衣食住行等日常生活劳动，养成劳动习惯，提高生活自理能力。其二，校务劳动是日常生活劳动教育的另一重要平台。学校拥有良好的劳动教育资源和环境，如场地、装备、工具、器材等，应引导学生树立劳动自主意识，深化"以热爱劳动为荣，以好逸恶劳为耻"的荣辱观教育。

拓展生产劳动平台。生产劳动是人通过有目的的活动改造自然对象并在这一活动中改造人自身的过程，其具有明确的目的性和指向性。人在生产劳动过程中学会使用工具，提高生产力，发展社会关系，不断创造物质财富和精神财富以满足自身需求和推动社会发展。在学校劳动教育实施过程中，拓展生产劳动平台才能引导学生在劳动实践中掌握基本生产知识和技能，体验物质财富的生产过程，感受劳动的价值，体会劳动的伟大。一是在理工科教学中强化学生的动手能力，提高其操作技能，以此培养学生的基础性知识和技能。二是为学生提供现代信息技术，特别是人工智能、大数据等方面的科技平台，引导学生了解科学，并积极主动进行科学研究，掌握开展生产活动的科学方法和科学思维能力。三是为学生提供体验创新劳动知识及其应用的平台，引导学生体验创新劳动蕴含的科学精神，树立"辛勤劳动、诚实劳动、创新性劳动"的劳动理念。

拓展服务性劳动平台。服务性劳动的重要特征就是公益性，强调引导学生通过参加各种形式的公益劳动为他人和社会服务，进而强化自身的社会责任感。服务性劳动平台的构建可从校内和校外两个场域展开。在校内，可成立校园卫生或校园绿化等公益小组，培养学生主动参与公共活动的习惯。在校外，利用劳动教育实践基地等社会资源开展各种公益活动。鼓励和支持学生以不同的形式参与救助受灾群众、救济贫困人士、扶助残障人士等活动，支持学生参与"下基层、进农村"的锻炼，组团开展"支边教育"等教育扶贫活动。学生在为他人和社会劳动的实践中提升自身的服务意识，领悟自身价值和社会价值的辩证关系，从而做德智体美劳全面发展的时代新人。

三、立足学生新特点，创新学校劳动教育方法

千秋基业，人才为先，培育担当民族复兴大任的时代新人是党和国家的战略任务，也是学校劳动教育的目标追求。时代新人是有理想、有本领、有担当的广大青年一代，他们应融入新时代的发展宏图中，把自身的命运与时代命运紧密联系起来，做德智体美劳全面发展的社会主义开拓者、建设者和守护者。但对于身处信息化、全球化、网络化的青少年群体而言，其社会化过程表现出时代的特殊性。他们在网络信息空间中实现虚拟社会化成长，在反哺文化环境里突破"长—幼"文化传递模式，经历反向社会化成长。他们在思想认知上呈现包容开放的价值观和思想方式，在行为生活上表现强烈的个性色彩和表达欲望。总之，在时代传承与发展的维度上，新时代的青年带有深刻的时代特征。为了提高教育实效性，学校劳动教育的实施不能再盲目使用传统的教育方法，而应立足学生的新特点，创新学校劳动教育方法。

在学校劳动教育中运用"从做中学"教育方法。"从做中学要比从听中学更是一种较好的方法"[①]，美国著名实用主义教育家杜威极力推崇"从做中学"的教育方法。在杜威看来，"教育即生活"，"教育即生长"，通过"从做中学"，学生才能实现"学"与"做"的结合，也就是"知"与"行"的结合。故杜威要求以活动性、经验性的主动作业来取代传统的以教师、教材和教室为中心的教育教学。杜威的"从做中学"的教育理论和方法深刻影响了现代教育模式，更在我国教育领域得到进一步发展。如杜威的学生陶行知在继承其老师教育思想的基础上提出"教学做合一"教育理论和方法，强调在"做"中"学"，在"做"中"教"，丰富了"从做中学"理论体系。对于学校劳动教育而言，"从做中学"方

---

①杜威. 学校与社会·明日之学校[M]. 赵翔麟,等,译. 北京:人民教育出版社,1994:286.

法具有很强的适切性。因为劳动教育具有鲜明的实践性导向，无论是日常生活劳动、生产性劳动，还是服务性劳动，都要求学生通过身体力行的"做"来"学"。劳动教育的目的就在于引导学生在实际的劳动体验中掌握基本的劳动知识和技能，形成良好的劳动习惯和劳动品质，并在此基础上培育自身的劳动观。因此，在劳动教育实施过程中，学校应充分认识"从做中学"教育理论和方法。一方面，要辩证看待"从做中学"教育方法的应用价值。在我国的劳动教育实践中，运用"从做中学"教育方法，要超越西方"实用主义"价值理念。我们应用"从做中学"教育方法，并不是简单引导学生通过"做"实现个体成长，而是坚守"为社会谋福利而劳动的愿望"[①]，引导其通过"做"建立与自我、他人和社会的劳动关系，树立正确的劳动观。另一方面，要系统实施"从做中学"教育方法，根据不同年龄阶段学生的认知特点和接受特点，通过各种劳动形式使学生的眼、耳、口、鼻、手等获得充分体验，使学生在"做"中有所"学"，有所"获"。

在学校劳动教育中运用榜样教育法。在特定的历史时期内，榜样（个人或群体）集中体现了一定阶级、政党或社会的道德规范和价值取向，其对他人具有示范和激励作用。榜样教育就是教育者以榜样影响受教育者，使其内化榜样的行为、思想、品质、能力等的过程。[②]榜样教育对受教育者进行行为激励和精神激励，具有强烈的主流价值导向作用。对于学校劳动教育而言，榜样教育法具有很强的适用性。正如苏霍姆林斯基所强调的，"考虑到孩子们有模仿所喜爱的一切的这种喜好，我们须努力做到学校里在他们眼前经常树立了颇有吸引力的劳动榜样"[③]。学校通过定期开展"劳模大讲堂""大国工匠学习研讨会""工匠博物馆研学"等活动，广泛宣传劳动榜样人物事迹，有利于激励学生

①苏霍姆林斯基.关于全面发展教育的问题[M].王家驹,等,译.长沙:湖南教育出版社,1984:123.
②杨婷.榜样教育研究[M].北京:中国社会科学出版社,2015:51.
③苏霍姆林斯基.帕夫雷什中学[M].赵玮,等,译.北京:教育科学出版社,1983:427,429.

内化劳模精神和工匠精神，使其自觉争做新时代的奋斗者。此外，劳动榜样教育强调关注身边的劳动榜样，这些劳动榜样是学生看得见、摸得着、可模仿的。一是发挥教师的劳动榜样教育作用。"一个孩子的精神面貌首先要看在他生活起步的道路上是由一个什么样的老师引导而定。"①对学生而言，"老师在多大程度上是个能为自己的劳动而振奋精神，并且热爱自己劳动的那种人"②，直接影响其劳动认知和行为。因此，在学校劳动教育实践中，教师的劳动素养至关重要。教师应身体力行，发挥自身的榜样作用。二是发挥朋辈、高年级或校友的劳动榜样教育作用。"那种充满崇高的劳动精神、着迷于创造计划的学生，就是学生集体中生机勃勃的自我教育源泉。"③聆听朋辈、高年级或校友的劳动事迹，感受并领悟他们的劳动精神，这是学生最近距离进行劳动认知的途径。因此，"对学生的劳动进行教育指导，关键在于，不能让任何高涨的劳动热情、任何创造激情，最后成为孤单的火种"④，即学校劳动教育要在学生群体中树立身边的榜样。

在学校劳动教育中运用集体劳作法。"集体是个人的教师"⑤，开展集体劳动，有利于激发学生对集体的归属感，"使学生认识到，为全区的集体农庄培育麦种，和每天在教室里、在家里擦洗地板是同样重要的"⑥。集体劳动是社会主义劳动教育的重要目标，也是学校劳动教育的主要途径。在学校劳动教育实施过程中，教育者应以劳动集体为对象设计劳动教育活动，引导学生在集体中进行劳动实践，引导学生为了劳动集体而进行集体劳动。

在学校劳动教育中运用项目化学习法。项目化学习法是素质教育背景下重要的教育教学方法之一，其是教师引导学生充分发挥自主性，精

①②③④苏霍姆林斯基. 帕夫雷什中学[M]. 赵玮,等,译. 北京:教育科学出版社,1983:427,429.

⑤马卡连柯. 马卡连柯教育文集:上卷[M]. 耿济安,等,译. 北京:人民教育出版社,2016:31.

⑥苏霍姆林斯基. 关于全面发展教育的问题[M]. 王家驹,等,译. 长沙:湖南教育出版社,1984:126.

心设计项目作品、规划和实施项目任务的过程。在这个过程中，学生通过对问题的探究掌握所需的知识和技能。项目化学习法注重培养学生发现问题、解决问题的能力，推进项目化学习有利于提高教育的实效性。一般而言，劳动教育项目化学习过程包含六个要素，分别是项目主题选定、项目团队组建、项目计划制定、项目活动实施、项目成果展示和项目评价与反思。在实际操作过程中，教师要根据具体教学内容、学生特点、教学进度来选择其中的关键要素，并以课堂教学、社团活动、研学旅行、队日团日主题活动、志愿服务等形式展开项目化学习。学生则可以根据自身的兴趣爱好、家庭状况、年龄特征、性别等实际情况，选择合适的劳动项目内容，设计合适的劳动项目清单。

广东省广州市南沙区太石小学基于现有资源，根据学生的认知规律，以考察探究、社会服务、设计制作、职业体验等活动方式，设计并实施"水乡作物我认识""水乡美食我最爱""水乡种子我会种""水乡编织我会编""水乡建筑我设计"等劳动教育项目。其制定基于东涌水乡的学生劳动教育项目技术路线，强调以东涌水乡劳动教育项目为主线，完成项目研究内容的流程、顺序、各项研究内容间的内在联系和步骤，可保证项目有清晰的操作流程，确保劳动教育项目的顺利实施，并在此基础上践行相关项目，具体如图5-4所示。①

---

①郭汉权.基于东涌水乡文化的劳动教育项目的实施[J].求知导刊,2020(15):6-8.

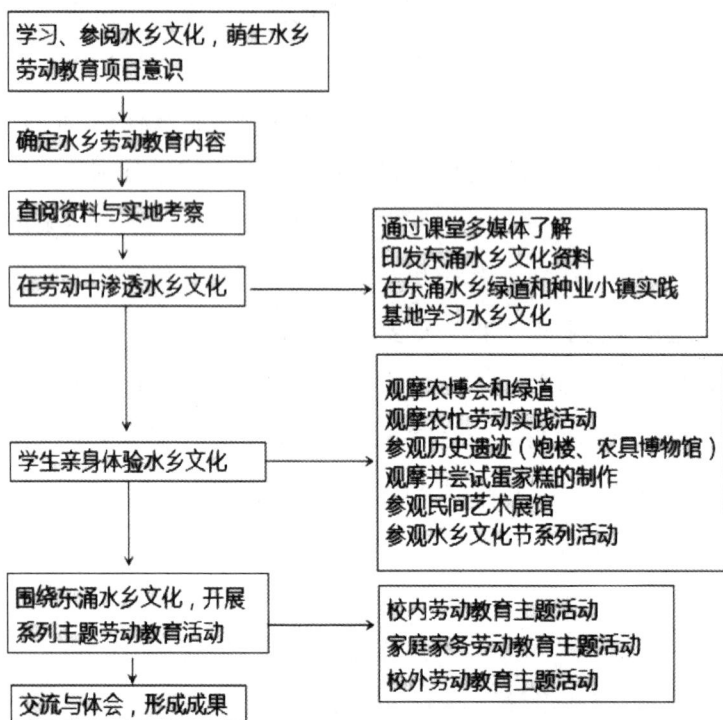

图5-4　东涌水乡劳动教育项目实施的技术路线

第三节　劳动教育实施的制度保障

学校劳动教育实施是一项系统工程，需要建立一套系统完善的制度来保障其有序有效运行。只有加强组织领导，强化政校协作，优化学校劳动教育的顶层设计，才能完成劳动教育这项自上而下的全方位改革；只有整合劳动教育资源，构建起家庭首责、学校主责、社会重责的家校社多方协同的运行机制，才能激发学校劳动教育的活力；只有融通大中小学劳动教育，建立一体化的有机衔接的育人机制，才能提高学校劳动教育的实效性。

一、加强组织领导，优化劳动教育的顶层设计

学校劳动教育是系统工程，涉及劳动教育方案设计、资源整合、师资培训、过程管理、总结评价、风险防范等内容，需要自上而下进行全方位的改革，这就需要加强组织领导，在党委统一领导下，强化政校协作，优化学校劳动教育的顶层设计，建立起劳动教育实施的长效机制。

学校劳动教育的顶层设计应从以下几个方面展开。其一，加强学校劳动教育组织保障。教育行政部门应积极参与学校劳动教育建设，结合实际情况，科学制定劳动教育总体规划，合理配置劳动教育资源，在政策、资金等多方面支持劳动教育的发展。学校应积极响应和落实地方制定的劳动教育计划，在实施过程中，切实发挥学校党委在劳动教育工作中的领导核心作用，建立健全劳动教育管理机构，创新管理机制和运行机制，制定符合学校实际的劳动教育发展规划。其二，加强学校劳动教育师资队伍建设。教育大计，教师为本。学校劳动教育实施的重点工程是配齐配好劳动教育教师。教育部门应把劳动教育师资队伍建设纳入教育发展规划中，增设劳动教育教师培训研修基地，组建劳动教育名师工作室，打造劳动教育综合研究智库，其目的是加强学校劳动教育教学工作的制度化、规范化、常态化。具体到学校，应配备劳动教育专任教师，并根据实际需要聘请劳动实践指导教育，从而建立专职、兼职相结合的学校劳动教育师资队伍。尤为重要的是，学校全体教师应自觉参加劳动教育培训，提高自身的劳动意识，做到全员劳育、全方位劳育、全过程劳育。其三，强化学校劳动教育风险防范管理。在学校劳动教育实施过程中，劳动安全教育与管理是极其重要的内容。学校必须强化劳动安全意识，建立健全劳动安全保障机制。一方面，要了解学生的身心发展状况，合理安排劳动内容，尤其要注意劳动的强度。2020年，黑龙江某中学13岁的女生在学校组织的义务劳动中扫雪近3个小时，由于没有佩戴手套，其手指被严重冻伤，险遭截肢。[1]学校劳动教育应避免发生

———————
①开展劳动教育不是学校"需要"学生劳动[N]. 中国青年报,2020-01-08(02).

此类安全事故，科学评估劳动任务的安全风险。另一方面，要关注劳动工具和劳动场所的安全性，认真排查和清除各种隐患。劳动教育活动的开展涉及各类工具设备，学校应进行科学管理，引导学生规范使用劳动工具。此外，要制定劳动教育风险防控预案，切实保护学生的身心健康。

二、整合劳育资源，构建多方协同的运行机制

随着社会的进步，学校教育不再是只有讲台、教室、校园的传统样貌，而是日益走向开放。教育发展需要多方力量的配合，家庭、学校、社会都有责任。作为"德智体美劳"育人体系的重要一环，学校劳动教育是一项复杂的系统性工程，需要调动家庭、企业、社区、社会多方力量，整合劳动教育资源，提高劳动教育实施的实效性。

发挥学校的主导功能，优化学校劳动教育资源。学校是劳动教育的主要场域，其应在劳动教育实施过程中发挥主导作用，切实承担起主体责任，完善学校内部的劳动教育场地装备资源。学校劳动教育主要是实践性教育活动，其实施需要依赖良好的硬件基础设施。因此，学校应加强劳动教育设施标准化建设，积极完善劳动教育开展所需要的场地、装备、器材等。创客工厂、科技馆、生物园、体验式食堂等是学校常设的劳动教育场地资源。如成都市全兴小学建校以来因地制宜修建了种植园、荷塘、柚子林、木工坊、茶艺室、阳光长廊、小厨房、创新实验室等劳动实践基地。近年来，又改扩建种植园，新建阳光房，引进智慧农场设施。"空中农场""云农场"也在筹备中，为劳动教育实施提供了充足的场地资源。[①]鼓励家庭参与，拓展家庭劳动教育资源。正如马卡连柯所强调的，"家庭是社会的一个天然的基层细胞，人类美好的生活在这里实现，人类胜利的力量在这里滋长，儿童在这里生活着，成长

---

①陈锐,李颖,陈翀妮."全育人·兴劳育"的劳动教育品牌课程创建实践[C]//成都市陶行知研究会.成都市陶行知研究会第十六期"成陶开讲"暨首届"立德树人铸魂育人"中青年教师报告会论文集.成都:成都市陶行知研究会,2020:8.

着"①。家庭不仅是人生长和生活的场所，也是原初的"学校"。而"学校集体应有权监督家庭在教育方面的活动，帮助家庭，给予教育方法上的辅导"②。即在"学而优则仕"的传统家庭教育理念下，学校劳动教育在实施过程中，不仅要充分依靠家庭劳动教育，而且要指导家庭劳动教育，转变家长重学习、轻劳动的教育观，积极拓展家庭劳动教育资源。一是服务自我型劳动教育资源。为了锻炼孩子独立处事、自我管理的能力，教师和家长要引导孩子在力所能及的范围内料理自己的生活，如学会自己淋浴、换洗衣服、整理床铺、做饭等。二是服务家庭型劳动教育资源。教师和家长应引导学生根据自身的年龄特点，力所能及地承担起家庭成员理应共担的家务劳动，如洗碗洗衣、做饭或帮厨、打扫卫生、整理家务等活动。三是服务亲友型劳动教育资源。教师和家长应积极引导学生学会迎送客人、照顾弱小等带有伦理性和礼节性特征的劳动。此外，在家庭劳动教育中，家庭成员的劳动故事和经历、劳动技能和技艺、劳动态度和习惯、劳动价值观等都是进行家庭劳动教育的宝贵资源。学校应积极挖掘此类劳动教育资源，与家长一起对孩子进行劳动教育。

激活社会力量，拓展社会劳动教育资源。劳动教育重在引导学生进行真实的劳动体验和劳动实践，在很多情况下，这是无法在家庭和校园中进行的。学校劳动教育必须走出校园，走向田间地头，走进工厂车间。因此，学校劳动教育要积极拓展社会劳动教育资源。其中，最为重要的就是建设社会劳动教育基地。在农村地区，可有序开发田地、山林、草场等作为学农实践基地。学校应定期开展学农活动，使学生在农业体验中强化自身的劳动意识。而在城镇地区，要积极与社区、工厂、企业等单位合作，为学生参加工业体验、商业和服务业实践等提供保障。显然，在城市相关行业和农村的广阔天地中蕴藏着丰富的教育资源，它们都可以被开发和利用。

①马卡连柯.马卡连柯全集:第4卷[M].北京:人民教育出版社,1957:30-31.
②马卡连柯.马卡连柯全集:第7卷[M].北京:人民教育出版社,1959:410.

三、融通大中小学，建立一体化的育人机制

在教育的纵向管理维度上，我国学校教育分为学前教育、初等教育、中等教育、高等教育四个阶段。当前，各个阶段学校的劳动教育管理是相互独立的，甚至是断裂的，缺乏有机衔接。大中小学融通劳动教育，就是强调小学、中学、大学要通过共享劳动教育资源，互鉴互补，保持劳动教育的连续性，从而构建目标有机衔接、内容有机联系、形态有序调整的学校劳动教育体系。一方面，要明确各个阶段劳动教育实施的目标和内容。劳动是人生存和发展的方式，贯穿人的一生。正因如此，个体劳动观的形成不可能一蹴而就。其是循序渐进、拾级而上的过程，需要在各个教育阶段不断强化。一般而言，小学劳动教育重在塑造劳动习惯，发展生活自理能力，强调引导学生爱护个人卫生，处理个人基本的生活问题，分担一些简单的家务，适当参加社会公益劳动等。中学劳动教育重在强化劳动能力，培养自立品质，强调引导学生学习基本的劳动知识和技能，适当参加生产劳动，参与社区服务等；大学劳动教育重在陶冶劳动情操，铸就自强意志，强调引导学生参与实习实训、社会实践、勤工助学等。另一方面，要进行大中小学劳动教育一体化课程设计。针对不同阶段的劳动教育目标和内容，系统化设计劳动教育课程，使大中小学劳动教育课程有序贯穿起来，这是构建大中小学劳动教育一体化模式的重要举措。政府有关部门应组织劳动教育智库，立足劳动教育规律和学生特点，系统开发有机衔接的大中小学劳动教育课程。如小学开设劳动与生活课程，主要围绕个人生活自理活动而展开。中学设置劳动与技术课，让学生适当参加生产劳动和社区服务。大学阶段设置劳动与综合实践活动类课程，积极开展实习实训、专业服务、社会实践、勤工助学等活动。

第四节　劳动教育评价体系的构建

　　劳动教育评价是劳动教育系统的有机组成部分，它检验劳动教育方案设计与实施的效果，发挥激励、监督、调控与甄别的功能，为学校劳动教育科学化发展提供不竭动力。学校劳动教育评价本身也是一个完整的系统，其包括评价主体、评价对象、评价方法等元素。其一，谁来评价劳动教育？一般而言，劳动教育评价主体由学科专家、课程管理者、教师、学生等构成。随着新课改的推进，社会越来越倡导评价主体从单一走向多元。其二，劳动教育评什么？当前，劳动教育评价对象一般包括对教育目标的评价、对教育内容的评价、对教育实施过程和结果的评价、对教育决策者和实施者的行为评价、对受教育者学习效果的评价等。其三，怎么评价劳动教育？当前，量化评价和质性评价是两种基本的评价方法。总之，评价既是一种导向和激励，也是一种保障，要不断创新劳动教育评价理念、评价内容、评价方法和评价操作，构建学校劳动教育评价体系。

一、评价理念：突出发展导向，重在劳动观养成

　　劳动是个体生存和发展的方式，贯穿人的一生，个体劳动观也是在长期的劳动实践中生成的。因此，劳动教育评价应关注劳动教育的本质和规律，进行相应的改革和更新。总的来说，新时代学校劳动教育的评价既要关注劳动知识与技能学习的最终结果，更要注重过程评价，关注学生马克思主义劳动观的养成情况。一方面，要突出劳动教育评价的发展导向。在传统的劳动教育评价中，学校主要以完成的任务数量、学业成绩和考试分数等衡量学生的劳动教育成果。显然，这种片面化的劳动教育评价理念是违背了劳动教育规律的。与其他教育活动不同，劳动教育具有"完整的具身性"和"真实的情境性"，强调学生在特定的情境

和场域中通过真实的劳动过程获得劳动认知①。这就意味着劳动教育评价要摆脱单纯的"知识世界"视域，关注学生真实的生活世界，关注学生的身体体验。总之，学校要以学生的成长为导向，观察、记录和分析学生的劳动认知情况。在劳动教育评价过程中，坚持平时评价、学期评价和学年评价相结合，重视成绩，更重视参与；重结果，更重过程，重知识，更重实践。另一方面，要重点关注学生马克思主义劳动观的养成。劳动教育"具有鲜明的思想性，必须将马克思主义劳动观贯彻始终"②。劳动教育的本质是马克思主义劳动观的培育活动。其不仅要求学生掌握基本的劳动知识和技能，更强调引导学生树立科学的马克思主义劳动观。当前，很多学校仅仅围绕学生的劳动知识和技能展开评价，并以优秀、及格、不及格等对学生的劳动进行评定，这种只重结果、不重过程的评价方式显然不符合劳动教育的目标要求。学校劳动教育评价应以学生劳动价值观、劳动主体观、劳动过程观、劳动关系观的养成为主要标准。

二、评价内容：基于劳动素养，完善评价指标

劳动教育的育人作用主要体现在对学生劳动素养的培育上。时代新人应该具备怎样的劳动素养，这是劳动教育评价面临的重要课题。从本质上看，"劳动素养是学生在劳动学习中情感态度价值观、知识与技能、过程与方法的综合实现"③。在劳动素养这个维度中，劳动教育评价的内容应包括劳动知识与技能评价、劳动习惯与品质评价、劳动观念评价。其中，劳动知识与技能评价指向学生在劳动过程中获得的基本知识和基本能力，是结果性目标；劳动习惯与品质评价着重探究学生劳动知识与技能的形成过程及采用的方法；劳动观念评价重在引导学生形成积极的劳动情感、正确的劳动态度和科学的劳动价值观。劳动知识与技能

---

①曾天山,顾建军. 劳动教育论[M]. 北京:教育科学出版社,2020:394.
②大中小学劳动教育指导纲要(试行)(教材〔2020〕4号)[EB/OL].(2020-07-07).
http://www.gov.cn/zhengce/zhengceku/2020-07/15/content_5526949.html.
③曾天山,顾建军. 劳动教育论[M]. 北京:教育科学出版社,2020:384.

评价、劳动习惯与品质评价、劳动观念评价是辩证统一的有机整体，如图5-5所示。"劳动知识与技能、劳动习惯与品质、劳动观念"三维评价体系完整地呈现了学校劳动教育改革的核心理念。即学校劳动教育既要重视劳动知识与技能学习，更要注重劳动习惯与品质的养成，最重要的是引导学生形成正确劳动观念。

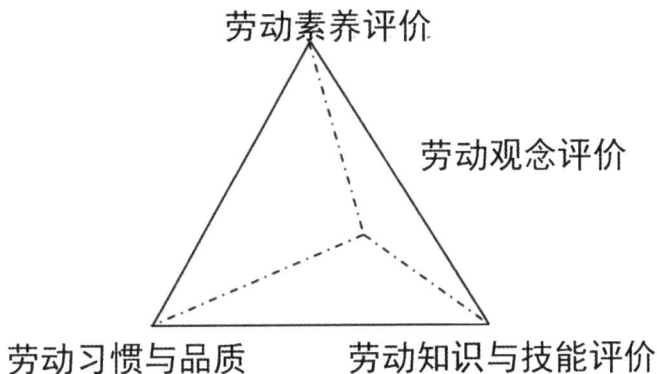

图5-5　基于劳动素养的三维评价体系

　　为了使劳动教育评价要落到实处，学校应构建明确的评价指标体系。评价指标体系是指由表征评价对象各方面特性及其相互联系的多个指标所构成的具有内在结构的有机整体。为了推动劳动教育指标体系的科学化，在构建指标体系时，学校应遵循系统性、动态性、可操作、可量化等原则。劳动知识与技能评价的核心指标是掌握劳动的基本知识和技能，劳动习惯与品质评价的核心指标是形成崇尚劳动、辛勤劳动、诚实劳动、创新劳动的习惯和品质，劳动观念评价的核心指标是树立正确的劳动价值观、劳动主体观、劳动过程观、劳动关系观。但由于学校劳动教育贯穿大中小学各个教育阶段，不同阶段的劳动教育内容有所不同，具体评价指标也应作出相应调整。总的来说，应依据学生的身心发展特点，进一步细化"劳动知识与技能评价""劳动习惯与品质评价""劳动观念评价"的具体指标，具体如表5-2所示①。

----

①曾天山，顾建军. 劳动教育论[M]. 北京：教育科学出版社，2020：387-392.

表5-2　劳动教育课程评价指标体系

维度	小学	初中	高中	中职	高职	普通本科
劳动知识与技能（掌握劳动的基本知识和技能）	认识五谷等劳动成果；了解生活中常见的劳动工具；学会使用简单的劳动工具；……	初步认识劳动的价值；初步了解劳动形态的变化，如人工智能、大数据等方面的知识；学会使用基本的劳动工具；掌握必要的劳动安全知识；……	正确认识劳动的价值；比较了解劳动形态的变化，如人工智能、大数据等方面的知识；掌握现代常用工具的基本原理；会使用生活中的劳动工具；掌握必要的劳动安全知识；……	初步掌握职业技能；了解专业发展的最新状态；掌握所学专业涉及的劳动工具和材料；初步掌握基本劳动法规知识；……	初步掌握职业技能；了解专业发展的最新状态；掌握所学专业涉及的劳动工具和材料；初步掌握基本劳动法规知识；……	全面认识劳动的意义；初步掌握职业技能；了解专业发展的最新状态；掌握所学专业涉及的劳动工具和材料；初步掌握基本劳动法规知识；……
劳动习惯与品质（形成崇尚劳动、辛勤劳动、诚实劳动、创新劳动的习惯和品质）	掌握基本生活技能；主动承担力所能及的家务劳动；积极参与学校的劳动实践；主动参加力所能及的社会公益活动；……	主动承担家务劳动；积极参与集体劳动；自觉遵守劳动规范和劳动纪律；自觉抵制投机取巧行为；适度参与各种创新活动；……	能吃苦耐劳、脚踏实地完成劳动任务；养成自觉维护劳动集体利益的责任意识；参与创新活动，初步形成探究问题的意识；自觉遵守劳动法律法规；……	能吃苦耐劳、脚踏实地地完成专业劳动任务；养成自觉维护劳动集体利益的责任意识；参与创新活动，初步形成探究问题的意识；自觉遵守劳动法律法规；……	能高质量地完成专业劳动任务；养成自觉维护劳动集体利益的责任意识；参与创新活动，形成探究问题的意识；自觉遵守劳动法律法规；……	形成劳动集体意识；尊重所有劳动者；能高质量地完成专业劳动任务；参与创新活动，形成探究问题的意识；自觉遵守劳动法律法规；……

维度	小学	初中	高中	中职	高职	普通本科
劳动观念（树立正确的劳动价值观、劳动主体观、劳动过程观、劳动关系观）	感受劳动的美好；感受到自己通过劳动获得成长；尊重身边的劳动者；体会到他人劳动的快乐与成就感；在劳动过程中体悟劳动的艰辛，懂得珍惜和感恩，懂得"一分耕耘，一分收获"的道理；知道人人都要劳动；认识到生产劳动能增强体质、愉悦身心，不仅有益于自己，还有益于他人；……	理解劳动对社会生活的支撑作用，认识到劳动没有高低贵贱之分；真正理解"劳动成果来之不易"的内涵，当自己的成果被认可时具有荣誉感、自豪感；认识到劳动需要"孜孜以求、精益求精、追求质量"；懂得劳动中"团结协作"的重要性，知道遵守合约的重要性；……	认识到劳动是人类生存和发展的最基本条件，愿意为社会发展和国家建设付出劳动；尊重和珍惜劳动成果，乐于分享劳动成果，具有荣誉感和自豪感；体悟劳动的艰辛，体会勤劳、勤奋、勤勉的重要性；懂得"业精于勤，荒于嬉"的道理，体会切磋琢磨、精益求精、勇于创新的技术追求；理解技术创新与产业结构变化，企业与税务、金融机关等公共部门的关系，以及环境保护等问题；……	认识到劳动是人类生存和发展的最基本条件，愿意以自己的职业技能服务地方产业发展和国家建设；体悟劳动的艰辛，体会勤劳、勤奋、勤勉的重要性；懂得"业精于勤，荒于嬉"的道理，在专业学习与实践中切磋琢磨、精益求精、勇于创新；理解技术创新与产业结构变化，企业与税务、金融机关等公共部门的关系，以及环境保护等问题；……	深刻理解"人民创造历史，劳动开创未来"的道理，树立劳动光荣、创造伟大的正确观念；尊重劳动人民，珍惜劳动成果，感受到为社会作贡献的成就感、幸福感、滋养感、感受到劳动的美；认识到"脚踏实地、肯干苦干、持之以恒"是劳动的基本态度；深刻领会并在专业学习和实践中发扬"劳模精神""工匠精神"；知道劳动者的权利与义务，准确理解劳动与经济、劳动与法律、劳动与职业的关系；……	深刻理解"人民创造历史，劳动开创未来"的道理，树立劳动光荣、创造伟大的正确观念；亲身体验用劳动换来成果的艰辛与价值，尊重劳动人民，珍惜劳动成果，感受到为社会作贡献的成就感、幸福感、滋养感、感受到劳动的美；深刻理解"空谈误国，实干兴邦"的道理，认识到"脚踏实地、肯干苦干、持之以恒"是劳动的基本态度；深刻领会并在专业学习和实践中发扬"劳模精神""工匠精神"；知道劳动者的权利与义务，准确理解劳动与经济、劳动与法律、劳动与职业的关系；……

三、评价方法：质性评价为主，量化评价为辅

在教育评价方法中，存在着量化评价与质性评价两种基本的评价方式。量化评价是强调用数学工具进行评价，注重分析因果关系。质性评价则注重收集和分析定性信息，并以此解释研究对象。量化评价与质性评价之间的相互补充、交融与整合代表了未来劳动教育评价的发展方向。立足劳动教育的特征，劳动教育评价应以质性评价为主、量化评价为辅。

受科学实证主义的影响，量化评价呈现了"技术理性"价值取向。在具体操作方法上，量化评价运用科学化的思维、严格的数学方法与标准化、规范化的程序来达到对可量化结果的认识。因此，以量化评价劳动教育的关键指标体现在对评价的精确性、信度与效度的追求上，一般采用观察、实验、调查、统计以及进行标准化测验等方法进行教育评价。因为预先设计好了相关程序，劳动教育量化评价易于操作，且可控制，而且客观化的评价指标、数字化的量化处理，有助于提高劳动教育评价的客观性和实效性，但劳动教育量化评价的缺点与不足也是显而易见的。由于这种评价方法把复杂的劳动教育现象与教育过程作出简单化、数量化与机械化的处理，也就导致了对多样化、多元化、异质性教育蕴含的遮蔽。虽然它对于一些简单化、低层次的外在行为测量具有很高的效用，可以达到完整揭示学生行为结果的目的，但对于学生的劳动认知、劳动情感、劳动观念等则处于尴尬和无奈的境地。这样，在劳动教育过程中所内隐的、潜藏着的学生真实状态，在量化评价中得不到应有的关注与重视，要么被忽略，要么根本不予考虑。

作为对量化评价方法的批判，在劳动教育改革中，一般强调建构劳动教育质性评价方法体系。质性评价强调通过各种调查来挖掘和分析评价对象的各种特质。受解释主义、现象学等人文主义方法论的影响，质性评价重点关注与强调的是学生在丰富、真实、开放的教育活动中所引发的自我表现与自我展示。它的着眼点在于对教学情境或课程现象的描

述与解释，强调运用整体的、自然的、定性的方法，并通过这种努力来透析其背后蕴含着的深层次的教育意义。因此，劳动教育质性评价的运作程序具有动态生成的特点与旨趣，整个评价是一个持续的、动态的、不断反馈的过程。它并没有严格、同一化、标准化的程序与规范，只是随着资料的不断发现与融入，决定着下一步评价的着眼点与方向。同时，不同的调查主题会采用不同的方法。典型的劳动教育质性评价方法有成长记录档案袋评定、表现性评定、苏格拉底式研讨评定等。

四、评价操作：记录劳动过程，建立劳动档案袋

学校劳动教育评价是一个连续性过程，客观记录劳动过程，整理学生具有代表性的劳动事实材料以及其他有关资料，并加以编排和归档，形成每一个学生的劳动档案袋，这有利于提高劳动教育评价的实效性。在具体的操作上，可进行成长记录档案袋评定、表现性评定、苏格拉底式研讨评定等。

成长记录档案袋评定是根据教育目标，收集、分析和解释学生的表现作品及其他证据，以反映学生发展过程中存在的优势与不足，并激励学生取得更高的成就的评价方式。具体而言，因为学校劳动教育本身是动态的社会实践活动，劳动教育评价也应从静态的常规评价走向动态生成的档案袋评价。成长记录档案评定主要包括以下三个步骤：一是师生共同制定评价标准。档案袋评价标准以学生的劳动体验为中心，以学生劳动素养的发展为着眼点。师生应根据劳动教育的特点和班级的实际情况制定劳动评价表。二是收集学生的劳动表现。教师应主动关注学生的劳动过程，记录学生的劳动行为表现，搭建展示劳动成果的平台。三是学生反思自身劳动过程。作为学生成长过程的证明，档案袋评价是动态发展的过程，而反思是实施劳动教育评价的关键。[1]劳动教育评价是持续反复的过程。在实行档案袋评价过程中，教师要创造各种条件，引导学生进行阶段性劳动反思。

---

①林克松，熊晴. 走向跨界融合：新时代劳动教育课程建设的价值、认识与实践[J].湖南师范大学教育科学学报，2020，19(02)：57-63.

　　表现性评定是为测量学习者运用先前所获得的知识解决新异问题或完成特定任务能力的一系列尝试，具体来说，就是运用真实的生活或模拟的评价练习来引发最初的反应，由高水平评定者按照一定标准进行直接的观察、评判，其形式主要包括建构式反应题、书面报告、作文、演说、操作、实验、资料收集、作品展等。[①]在劳动教育评价过程中，使用表现性评定是对学生实际操作能力与行为结果的评价，有助于揭示学生的真实面貌和现实状况。而且，表现性评定贯穿于整个教学过程，可以随时发现、及时解决学生遇到的学习问题与困难。劳动教育表现式评价方式是多元化的，如展示式评价、分享式评价、竞赛式评价等。

---

①靳玉乐. 课程论[M]. 北京：人民教育出版社，2015：371.

参考文献

（一）著作

[1]马克思恩格斯全集：第1卷[M].北京：人民出版社，1956.

[2]马克思恩格斯全集：第2卷[M].北京：人民出版社，1957.

[3]马克思恩格斯全集：第3卷[M].北京：人民出版社，1960.

[4]马克思恩格斯全集：第4卷[M].北京：人民出版社，1958.

[5]马克思恩格斯全集：第7卷[M].北京：人民出版社，1959.

[6]马克思恩格斯全集：第13卷[M].北京：人民出版社，1998.

[7]马克思恩格斯全集：第23卷[M].北京：人民出版社，1972.

[8]马克思恩格斯全集：第26卷[M].北京：人民出版社，1972.

[9]马克思恩格斯全集：第42卷[M].北京：人民出版社，1979.

[10]马克思恩格斯选集：第1-4卷[M].北京：人民出版社，2012.

[11]列宁全集：第2卷[M].北京：人民出版社，1959.

[12]列宁全集：第36卷[M].北京：人民教育出版社，1959.

[13]毛泽东文集：第2卷[M].北京：人民出版社，1993.

[14]毛泽东选集：第1-4卷[M].北京：人民出版社，1991.

[15]毛泽东.建国以来毛泽东文稿：第7册[M].北京：中央文献出版社，1992.

[16]人民教育出版社.毛泽东论教育工作[M].北京：人民教育出版社，1992.

[17]邓小平文选：第1-2卷[M].北京：人民出版社，1994.

[18]邓小平.邓小平同志论教育[M].北京：人民教育出版社，1990.

[19]习近平.习近平谈治国理政：第1卷[M].北京：外文出版社，2018.

[20]习近平.决胜全面建成小康社会夺取新时代中国特色社会主义伟大胜利：在中国共产党第十九次全国代表大会上的报告[M].北京：人民出版社，2017.

[21]陈万柏，张耀灿.思想政治教育学原理[M].北京：高等教育出版社，2015.

[22]郑永廷.思想政治教育方法论[M].北京：高等教育出版社，2010.

[23]骆郁廷.思想政治教育学原理与方法[M].北京：高等教育出版社，2010.

[24]沈壮海.思想政治教育有效性研究[M].武汉：武汉大学出版社，2008.

（二）文献选编

[1]中共中央文献研究室.建国以来重要文献选编：第10册[M].北京：中央文献出版社，1994.

[2]中共中央文献研究室.建国以来重要文献选编：第11册[M].北京：中央文献出版社，1995.

[3]何东昌.中华人民共和国重要教育文献（1949—1998）[M].海口：海南出版社，1998.

[4]何东昌.中华人民共和国重要教育文献（1998—2008）[M].海口：海南出版社，2003.

[5]刘英杰.中国教育大事典（1949—1990）[M].杭州：浙江教育出版社，1993.

[6]中华人民共和国教育大事记（1949—1982）[M].北京：教育科学出版社，1984.

[7]社会主义教育课程的阅读文件选编：第1编[M].北京：人民出版社，1958.

[8]周慧英.中国教育同生产劳动相结合大事记（1930—1993）[M].北京：教育科学出版社，2012.

[9]张健.中国教育年鉴（1949—1981）[M].北京：中国大百科全书出版社，1984.

[10]中央教育科学研究所比较教育研究室.国外实施教育与生产劳动相结合资料汇编[M].北京：教育科学出版社，1982.

[11]课程教材研究所.20世纪中国中小学课程标准·教学大纲汇编：音乐·美术·劳技卷[M].北京：人民教育出版社，2001.

（三）期刊

[1]檀传宝，班建武，李敏.对话与解读：新时代劳动教育的内涵与走向[J].少年儿童研究，2021（3）：4-19.

[2]檀传宝.培养有劳动素养的时代新人[J].现代教学，2020（8）：1.

[3]檀传宝.加强劳动教育一定要贯彻与时俱进的原则[J].人民教育，2020（8）：13-14.

[4]檀传宝.开展劳动教育必须解决好的三大理论问题[J].人民教育，2019（17）：34-35.

[5]檀传宝.劳动教育的概念理解：如何认识劳动教育概念的基本内涵与基本特征[J].中国教育学刊，2019（2）：82-84.

[6]胡君进，檀传宝.劳动、劳动集体与劳动教育：重思马卡连柯、苏霍姆林斯基劳动教育思想的内容与特点[J].国家教育行政学院学报，2018（12）：40-45.

[7]檀传宝.加强和改进劳动教育是当务之急：当前我国劳动教育存在的问题、原因及对策[J].人民教育，2018（20）：30-31.

[8]胡君进，檀传宝.马克思主义的劳动价值观与劳动教育观：经典文献的研析[J].教育研究，2018，39（5）：9-15，26.

[9]檀传宝.劳动教育的本质在于培养劳动价值观[J].人民教育，2017（9）：45-48.

[10]檀传宝.政治信仰与道德素养培育有效性的探索：杜威与苏霍姆林斯基德育思想的几点共性[J].上海高教研究，1998（9）：29-34.

[11]成有信.简论教育与生产劳动相结合[J].河北师范大学学报（教育科学版），2003（2）：23-26.

[12]成有信.教育与生产劳动相结合理论的新探索[J].北京师范大学学报（社会科学版），1997（3）：26-34.

[13]成有信.劳动教育、综合技术教育和职业教育：下[J].高等师范教育研究，1993（1）：34-40.

[14]成有信.教育和社会生产[J].教育科学研究，1990（3）：1-5.

[15]成有信.脑力劳动和体力劳动的分离、结合与教育：下[J].华东师范大学学报（教育科学版），1987（4）：39-46.

[16]成有信.脑力劳动和体力劳动的分离、结合与教育（上）[J].华东师范大学学报（教育科学版），1987（3）：11-22.

[17]成有信.现代教育的特点及其本质[J].中国社会科学，1984（6）：109-128.

[18]成有信.论教育和生产劳动相结合的实质[J].中国社会科学，1982（1）：163-176.

[19]成有信.社会主义教育本质是大生产性和阶级性的统一[J].北京师范大学学报，1980（5）：55-59.

[20]黄丽蓉，班建武.劳动教育资源开发的目标审视[J].教育科学研究，2020（10）：17-21，30.

[21]班建武.构建开放性的劳动教育实践体系[J].福建教育，2019（16）：6.

[22]班建武.信息社会劳动形态的变迁与劳动教育的新课题[J].中国德育，2019（2）：36-39.

[23]班建武."新"劳动教育的内涵特征与实践路径[J].教育研究，2019，40（1）：21-26.

[24]何云峰.劳动教育的核心目标是培养律商[J].上海教育，2020（36）：60.

[25]何云峰.充分发挥家庭在劳动教育中的基础作用[J].现代教学，2020（22）：1.

[26]何云峰.论家庭在劳动教育中的基础作用[J].劳动教育评论，2020（2）：30-41.

[27]何云峰，朱晶晶.劳动幸福观测维度及其指标体系构建：基于省际比较的视野[J].求索，2020（04）：81-90.

[28]何云峰，万婕.劳动精神的主体性阐释[J].思想理论教育，2020（6）：10-15.

[29]何云峰.劳动幸福权：通过劳动创造兑现的人之初始权利[J].湖北大学学报（哲学社会科学版），2020，47（3）：46-54，172-173.

[30]顾建军.建构素养导向的劳动教育体系[J].教育发展研究，2020，40（24）：3.

[31]黄丽蓉，班建武.劳动教育资源开发的目标审视[J].教育科学研究，2020（10）：17-21，30.

[32]毕文健，顾建军.乐学教学：让学生爱上劳动：新时代学校劳动教育策略研究[J].教育科学研究，2020（8）：11-17.

[33]徐金雷，顾建军.普通高中通用技术课程的设计与实施：基于课程标准修订的思考[J].课程.教材.教法，2020，40（8）：123-129.

[34]顾建军.加快建构新时代劳动素养评价体系[J].人民教育，2020（8）：19-22.

（四）报纸

[1]习近平.坚持中国特色社会主义教育发展道路培养德智体美劳全面发展的社会主义建设者和接班人[N].人民日报，2018-09-11（01）.

[2]习近平.在庆祝"五一"国际劳动节暨表彰全国劳动模范和先进工作者大会上的讲话[N].人民日报，2015-04-29（02）.

[3]习近平.习近平在同全国劳动模范代表座谈时的讲话[N].人民日报，2013-04-29（01）.

[4]中共中央 国务院关于全面加强新时代大中小学劳动教育的意见[N].光明日报，2020-03-27（01）.

[5]陈宝生.全面贯彻党的教育方针大力加强新时代劳动教育[N].人民日报，2020-03-30（012）.

[6]刘向兵.切实加强新时代大中小学劳动教育[N].中国社会科学报，2020-08-17（005）.

[7]开展劳动教育不是学校"需要"学生劳动[N].中国青年报，2020-01-08（02）.

[8]臧爱绒.延安时期的劳动育人[N].中国社会科学报，2020-12-22（007）.

[9]田伏虎，刘建华.改革开放时期的社会劳动教育[N].中国社会科学报，2020-12-22（006）.

[10]刘顿.劳动教育的历史经验及启示[N].中国社会科学报，2020-12-22（006）.

[11]吕锡月.新时代劳动教育的内涵[N].中国社会科学报，2020-12-22（007）

[12]顾建军，司马周，许悦.职业劳动与职业教育改进的新路向[N].中国社会科学报，2020-09-08（007）.